# SPANISH
# BILINGUAL
# DICTIONARY

## A BEGINNER'S GUIDE IN WORDS AND PICTURES

### POCKET EDITION

by

**Gladys C. Lipton**

*Program Coordinator, Foreign Languages and ESL*
*Anne Arundel Public Schools*
*Annapolis, Maryland*

**Olivia Muñoz**

*Director of Foreign Languages*
*Board of Education, Houston Public Schools, Texas*

**arron's Educational S**

**odbury, New York • London**

D1008039

Pear  Pera

Dedicated, with affection, to
Robert Lipton, Juan Raúl, Patricia and Raúl Muñoz
and Sarah and Benjamin Cammer

© Copyright 1979 by Barron's Educational Series, Inc.

Abridged edition of Barron's Spanish Bilingual Dictionary

*All inquiries should be address to:*
Barron's Educational Series, Inc.
113 Crossways Park Drive
Woodbury, New York 11797

*Library of Congress Catalog Card No. 78-27770*

International Standard Book No. 0-8120-2008-1

**Library of Congress Cataloging in Publication Data**
Lipton, Gladys C
  Spanish bilingual dictionary.
  SUMMARY: Approximately 2600 entries include the
definition, phonetic transcription, use of word in a sen-
tence, translation, and a picture, if feasible.
  1. Spanish language — Dictionaries, Juvenile —
English. 2. English language — Dictionaries, Juvenile
— Spanish. [1. Spanish language — Dictionarie-
s. 2. English language — Dictionaries] I. Muñoz,
Olivia, joint author. II. Title.
[PC4640.L56  1979]    463'.21    78-27770
ISBN 0-8120-2008-1

**PRINTED IN THE UNITED STATES OF AMERICA**

567    550    9876.

# Table of Contents
# Tabla de materias

Pear Pera

# INTRODUCTION

Learning another language can be fun for everybody! This bilingual Spanish-English English-Spanish dictionary is a book that will be both pleasurable and functional. It will bring many hours of "thumbing-through" enjoyment to all who enjoy looking at pictures, who delight in trying to pronounce new sounds, and who like the discovery of reading words and sentences in Spanish and English. It can be very practical, too, for those who need a rapid course in bilingual learning for a specific purpose, such as taking a trip to a Spanish or English-speaking country, conducting international business, or conversing with multi-ethnic nationals in a community.

This dictionary will assist in the understanding of written Spanish and English, too, and will provide an aid for the expansion of vocabulary in both languages. It will help in word games, in crossword puzzles, in writing and reading letters in Spanish and English, and in reading signs and instructions. As a pocket dictionary, it will be invaluable in helping travelers obtain information, understand menus, and read magazines and newspapers in the foreign language-speaking country.

The pictures in this dictionary will help you clarify word meanings and expand your vocabulary by helping you make associations of pictures with words and phrases. The sentences will not only illustrate the use of the specific words and expressions, but will also serve as conversational expressions when communicating in the Spanish-speaking or English-speaking community.

The pronunciation keys in both English and Spanish will solve some of the mysteries of foreign language pronunciation. WELCOME TO THE WORLD OF LANGUAGES!

## Basis of Word Selection

The selection of words in the Spanish listing is based on a survey of basic words and idiomatic expressions used in beginning language programs

FLES and Level I and in simple reading materials. The words in the English listing have been checked with the first thousand most frequently used words on the *Thorndike-Lorge Frequency List* as well as with a survey of words and expressions used by beginning students and words found in juvenile and adolescent literature. Both listings should be helpful in the development of new curricula, in test construction, and in the writing of new textbooks and readers for beginners in language study.

## Use of Pictures

An important component of this dictionary is the use of pictures throughout the book. Pictures are used widely in foreign language and English as a second language classes for a number of reasons. First, they are used for presentation of new work in order to establish direct meaning for the students, without interference by the native language. It must be remembered, however, that pictures that convey exact meaning are not always feasible, and this is why not every word listed in the dictionary has an accompanying picture. A second use of pictures at this level is as a cue to conversation after a dialogue has been learned. Pictures are also used for review of materials learned previously. Therefore, pupils who have had extensive practice in associating pictures with meanings in the foreign language will be able to use this dictionary with ease. Pictures are also used in connection with reading passages to help promote comprehension of the written language. Finally, pictures are used in many second language tests involving speaking ability and reading and listening comprehension.

## HOW TO USE THIS DICTIONARY

The dictionary contains approximately 1300 entries in the Spanish-English vocabulary listing and an equal number of English words and expressions in the English-Spanish vocabulary listing. Each Spanish entry consists of the following:

1. Spanish word
2. phonemic transcription*
3. part of speech
4. English definition(s)
5. use of word in Spanish sentence
6. English translation of Spanish sentence

Each English entry consists of the following:
1. English word
2. phonemic transcription
3. part of speech
4. Spanish definition(s)
5. use of word in English sentence
6. Spanish translation of English sentence

In addition, many word entries in both the English and Spanish sections include an illustration.

## To Find the Meaning of a Spanish Word or Expression

To find the meaning in English of a Spanish word, look through the alphabetical Spanish-English listing for the word or expression and the above-mentioned information about the word.

## To Find the Spanish Equivalent of an English Word or Expression

To find the meaning in Spanish of an English word, look through the alphabetical English-Spanish listing for the word or expression and the above-mentioned information about the word.

**CAUTION: Some words have more than one meaning. Read the entry carefully to determine the most suitable equivalent.**

---

*The *phonemic* alphabet is based on a comparative analysis of English and Spanish sounds; it uses only Roman letters, with minimal modifications. In contrast, the International Phonetic Alphabet is based on comparison of several languages and uses some arbitrary symbols. has been the experience of the authors that a *phonemic* alphabet is most helpful to beginners, who need assurance in the pronunciation of a new language. The goal is to provide the beginning language student with an immediate tool for communication. As he or she continues to study and use the language, greater refinements in vocabulary, structure, and pronunciation will be developed.

# To Find Verb Forms

Special mention should be made of the treatment of verbs in this dictionary. Since only the present tense is used actively in most beginning language programs, verb forms only in the present tense have been included, except for past participles used as adjectives and the conditional of *gustar*. For regular verbs, only the infinitive is listed, with all the forms of the verb in the present tense included in the entry. There is no cross-listing of the forms of regular verbs. For some irregular verbs, each form of the present tense is given (first, second and third persons, singular and plural) in a separate listing with cross-reference to the infinitive. Here, too, under the infinitive listing, all the forms of the verb in the present tense are included in the entry.

**NOTE:** The "vosotros" form of the verb has been included in parentheses for each complete listing of verbs; it should be noted that the use of this form is limited outside of Spain.

All forms of selected irregular verbs also appear in the Spanish verb supplement.

# Alphabetical Listing

In the Spanish-English listing, words beginning with *CH* follow the listings for *C*; words beginning with *LL* follow the listings for *L*; in the English-Spanish listing, all words are in alphabetical order.

# SPANISH PRONUNCIATION KEY
(for English speakers)

### NOTES
1. Many Spanish sounds do not have an exact English equivalent. The phonemic symbols are approximate and will assist the beginning Spanish student as he or she encounters new words and phrases.
2. The Spanish-American pronunciation is used throughout the dictionary.
3. Capital letters in the phonemic symbols indicate the syllable which receives the emphasis. For example,

                        den-TEES-ta
4. Beginning Spanish students should be particularly careful of the

pronunciation of Spanish vowels. Spanish vowels are sharper, clearer, and less drawn out than English vowels.

5. In order to give the beginning Spanish student greater confidence, some of the refinements of Spanish pronunciation have not been indicated, such as intervocalic "d." These will be easily acquired with further study and listening to spoken Spanish.

## VOWELS

| Spanish Spelling | Spanish Example | Phonemic Symbol | Sounds something like English word |
|---|---|---|---|
| a | la | a | father |
| e | pero | e | pet |
| i, y | disco | ee | keep |
|  | y |  |  |
| o | oficina | o | open |
| u | útil | u | too |
| ie | cierto | ye | yesterday |
| ei | seis | ay | say |
| ai | bailar | aee | fight |

## CONSONANTS

| Spanish Spelling | Phonemic Symbol in this Dictionary |
|---|---|
| b, v | b |
| c + a, o, u | k (as in *kitten*) |
| c + e, i | s (as in *sit*) |
| ch | ch |
| d | d |
| f | f |
| g + a, o, u | g (as in *go*) |
| g + e, i | j (like the *h* in *house*) |
| gu + e, i | g (as in *go*) |
| h (silent) | — |
| j | j (like the *h* in *house*) |
| k | k |
| l | l |

| | |
|---|---|
| ll | ly (as in *million*) |
| | (or *y* for pronunciation in southwestern |
| | U.S. and most of Western Hemisphere) |
| m | m |
| n | n |
| ñ | ny (as in *onion*) |
| p | p |
| qu | k |
| r | r |
| rr | rr (strong rolling sound) |
| s | s |
| t | t |
| v | b |
| x | ks, gs |
| y | y (as in *yellow*) |
| z | s |

## SPANISH-ENGLISH
## INGLÉS-ESPAÑOL

# A

**a  A**   preposition                                    at, in, to
> Ellos van a México.
> They are going to Mexico.

---

**a la derecha**   a-la-de-RE-cha   preposition   to the right
> El auto dobla a la derecha.
> The car turns to the right.

---

**a la izquierda**   a-la-is-KYER-da                to the left
> Enrique se sienta a la izquierda de Carlos.
> Henry sits to the left of Charles.

---

**el abanico**   a-ba-NEE-co   noun, masc.   fan
> Usa el abanico porque hace calor.
> She uses the fan because it's hot.

---

**la abeja**   a-BE-ja   noun, fem.   bee
> A la abeja le gustan las flores.
> The bee likes flowers.

---

**abierto**   a-BYER-to   adjective, masc.   open
**abierta**   (fem.)
> La caja está abierta.
> The box is open.

---

**el abogado**   a-bo-GA-do   noun, masc.   lawyer, attorney
> Mi papá es abogado.
> My father is a lawyer.

---

**abril**  A-BREEL     noun, masc.          April
    En abril llueve mucho.
    It rains a lot in April.

---

**abrir**  A-BREER     verb                 to open
    Yo abro              Nosotros abrimos
    Tú abres             (Vosotros abrís)
    Él, Ella, Usted      Ellos, Ellas, Ustedes
      abre                 abren
    Marcos abre la puerta.
    Mark opens the door.

---

**la abuela**  a-BUE-la   noun, fem.          grandmother
    La abuela prepara la comida.
    The grandmother prepares the food.

---

**el abuelo**  a-BUE-lo   noun, masc.         grandfather
    Mi abuelo va a la pesca.
    My grandfather goes fishing.

---

**acabar de**  a-ka-BAR-de    idiomatic           to have just
                 expression
    Yo acabo             Nosotros acabamos
    Tú acabas            (Vosotros acabáis)
    Él, Ella, Usted      Ellos, Ellas, Ustedes
      acaba                acaban
    El acaba de tomar un refresco.
    He just had a drink.

---

---

**el aceite**   a-SAY-te    noun, masc.      oil

El motor necesita aceite.
The motor needs oil.

---

**la acera**   a-SE-ra    noun, fem.      sidewalk

Ellos caminan por la acera.
They walk along the sidewalk.

---

**acompañar**   a-com-pa-NYAR    verb      to go along,
                                         to accompany

Yo acompaño        Nostros acompañamos
Tú acompañas       (Vosotros acompañáis)
Él, Ella, Usted      Ellos, Ellas, Ustedes
   acompaña           acompañan
El muchacho acompaña a su hermana.
The boy accompanies his sister.

---

**acostarse**   a-kos-TAR-se    verb      to go to bed

Yo me acuesto      Nosotros nos acostamos
Tú te acuestas     (Vosotros os acostáis)
Él, Ella, Usted      Ellos, Ellas, Ustedes
   se acuesta        se acuestan
Los niños se acuestan a las nueve.
The children go to bed at nine.

---

**el acuario**   a-KUA-reeo    noun, masc.      aquarium

Hay peces en el acuario.
There are fish in the aquarium.

---

**adiós**   a-DEEOS    interjection      Good-bye

El papá dice "adiós."
The father says "Good-bye."

---

**adivinar**   a-dee-bee-NAR    verb      to guess

Yo adivino          Nosotros adivinamos
Tú adivinas        (Vosotros adivináis)
Él, Ella, Usted      Ellos, Ellas, Ustedes
   adivina            adivinan

Adivina lo que traigo.
Guess what I have.

---

**adrede**    a-DRE-de     adverb         on purpose
El niño rompe el vaso adrede.
The boy breaks the glass on purpose.

---

**la aeromoza**    ae-ro-MO-sa    noun, fem.   airline stewardess
La aeromoza ayuda a los pasajeros.
The airline stewardess helps the passengers.

---

**el aeropuerto**    ae-ro-PUER-to    noun, masc.     airport
El avión sale del aeropuerto.
The plane leaves the airport.

---

**afuera**    a-FUE-ra     adverb           outside
El jardín está afuera.
The garden is outside.

---

**agosto**    a-GOS-to     noun, masc.       August
Su cumpleaños es en agosto.
Her birthday is in August.

---

**agradable**    a-gra-DA-ble     adjective      pleasant, nice
Mi maestra es agradable.
My teacher is nice.

**agua**    A-gua     noun, fem.           water
Tengo sed. Dame agua.
I'm thirsty. Give me some water.

---

---

**la aguja**   a-GU-ja    noun, fem.       needle
La señora usa la aguja para coser.
The lady uses the needle to sew.

---

**ahora**   a-O-ra    adverb          now
Ahora no podemos ir.
We can't go now.

---

**ahorrar**   a-o-RRAR    verb          to save

| | |
|---|---|
| Yo ahorro | Nosotros ahorramos |
| Tú ahorras | (Vosotros ahorráis) |
| Él, Ella, Usted ahorra | Ellos, Ellas, Ustedes ahorran |

Juan ahorra su dinero.
John saves his money.

---

**el ala**   A-la    noun, fem.       wing
**las alas**

El pájaro usa las alas para volar.
The bird uses his wings to fly.

---

**la alberca**   al-BER-ka    noun, fem.    pool
Roberto nada en la alberca. (la piscina)
Robert swims in the pool.

---

**la alcancía**   al-kan-SEE-a    noun, fem.    (piggy) bank
Eloísa guarda el dinero en su alcancía.
Eloise keeps the money in her bank.

---

**alegre**   a-LE-gre    adjective      cheerful, gay, glad
Hoy los niños están alegres.
The children are cheerful today.

---

**algo**   AL-go    pronoun, masc.    something
Hay algo en la caja.
There is something in the box.

---

---

**el algodón**   al-go-DON   noun, masc.   cotton
El vestido es de algodón.
The dress is made of cotton.

---

**alguien**   AL-gyen   pronoun   someone
Alguien está en la puerta.
Someone is at the door.

---

**algunas veces**   al-GU-nas-VE-ses   adverb   sometimes
Algunas veces vamos al parque zoológico.
Sometimes we go to the zoo.

---

**alrededor**   al-rre-de-DOR   adverb   around
El jardín está alrededor de la casa.
The garden is around the house.

---

**el alumno**   a-LUM-no   noun, masc.   pupil
**la alumna**   (fem.)
El alumno hace la lección en clase.
The pupil does his lesson in class.

---

**allá**   a-LYA, a-YA   adverb   down there, over there
Allá está el avión.
The plane is over there.

---

**allí**   a-LYEE, a-YEE   adverb   there
Tu libro está allí.
Your book is there.

---

**amar**   a-MAR   verb   to love
Yo amo                     Nosotros amamos
Tú amas                    (Vosotros amáis)
Él, Ella, Usted            Ellos, Ellas, Ustedes
  ama                        aman
Mi mamá ama a mi papá.
My Mom loves my Dad.

---

**la ambulancia**   am-bu-LAN-seea   noun, fem.   ambulance

La ambulancia va al hospital.
The ambulance is going to the hospital

---

**americano**   a-me-ree-KA-no   adjective, masc.     American
**americana**   (fem.)

      Mi maestro es americano de los Estados Unidos.
      My teacher is an American from the United States.

---

**el amigo**   a-MEE-go    noun, masc.       friend, chum
**la amiga**   (fem.)

      El amigo de Ricardo está en la piscina
        (la alberca).
      Richard's friend is in the pool.

---

**anaranjado**   a-na-ran-JA-do   adjective, masc.     orange
**anaranjada**   (fem.)
**color de naranja**

      Su camisa es anaranjada.
      His shirt is orange.

---

**ancho**   AN-cho    adjective, masc.       wide
**ancha**   (fem.)

      La calle es muy ancha.
      The street is very wide.

---

**andar**   an-DAR    verb           to go, to walk

| | |
|---|---|
| Yo ando | Nosotros andamos |
| Tú andas | (Vosotros andáis) |
| Él, Ella, Usted | Ellos, Ellas, Ustedes |
| anda | andan |

**andar a caballo**     idiomatic          to go horseback riding
                        expression
            Cada domingo anda a caballo.
            Every Sunday he goes horseback riding.

**andar en bicicleta,**
**montar en bicicleta**                    to go bicycle riding
            Le gusta montar en bicicleta.
            She likes to go bicycle riding.

**el anillo**   a-NEE-lyo, a-NEE-yo   noun, masc.          ring
            ¡Qué anillo tan bonito!
            What a beautiful ring!

**el aniversario**  a-nee-ber-SA-reeo  noun, masc.    anniversary
            Mis padres celebran su aniversario.
            My parents are celebrating their anniversary.

**la antena de televisión**                    television antenna
            an-TE-na-de-te-le-bee-SEEON        noun, fem.
            Las casas tienen antenas de televisión.
            The houses have television antennas.

**antes**   AN-tes   preposition          before
            Antes de mirar la televisión, hay que hacer
                las tareas.
            Before watching television, we have to do
                our homework.

**el año**   A-nyo   noun, masc.          year

Roberto tiene quince años.
Robert is fifteen years old.

---

**apagar**   a-pa-GAR   verb          to turn off

| | |
|---|---|
| Yo apago | Nosotros apagamos |
| Tú apagas | Vosotros apagáis |
| Él, Ella, Usted apaga | Ellos, Ellas, Ustedes apagan |

El papá apaga la luz.
The father turns off the light.

---

**el aparador**   a-pa-ra-DOR   noun, masc.    store window
Hay ropa en el aparador. (la vitrina)
There are clothes in the store window.

---

**el aparato de televisión**                 television set
a-pa-RA-to-de-te-le-bee-SEEON   noun, masc.
El aparato de televisión es moderno.
The television set is modern.

---

**el apartamento**   a-par-ta-MEN-to   noun, masc.   apartment
Ellos viven en un apartamento cerca
de la escuela.
They live in an apartment near the school.

---

**el apetito**   a-pe-TEE-to   noun, masc.   appetite
Mi hermano come con buen apetito.
By brother has a good appetite.

---

**el apio**   A-peeo   noun, masc.   celery
Me gusta el apio en la ensalada.
I like celery in the salad.

---

**aprender**   a-pren-DER   verb          to learn

| | |
|---|---|
| Yo aprendo | Nosotros aprendemos |
| Tú aprendes | (Vosotros aprendéis) |
| Él, Ella, Usted aprende | Ellos, Ellas, Ustedes aprenden |

Se va a la escuela a aprender.
One goes to school to learn.

---

**apretado**  a-pre-TA-do   adjective, masc.   tight
 **apretada**  (fem.)
El saco está apretado.
The coat (jacket) is tight.

---

**aquí**  a-KEE   adverb                 here
Aquí están los zapatos.
The shoes are here.

**aquí tiene**   idiomatic              here is, are
        expression
Aquí tiene usted su paquete.
Here is your package.

---

**la araña**  a-RA-nya   noun, fem.   spider
Hay una araña en la pared.
There is a spider on the wall.

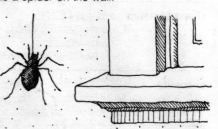

---

**el árbol**  AR-bol   noun, masc.   tree
El árbol tiene muchas ramas.
The tree has many branches.

---

**el arco iris**  AR-co-EE-rees   noun, masc.   rainbow
El arco iris tiene muchos colores.
The rainbow has many colors.

---

---

**la arena**   a-RE-na   noun, fem.          sand
En la playa hay arena.
There is sand on the beach.

---

**el armario**   ar-MA-reeo   noun, masc.   cupboard
Los platos hondos están en el armario.
The bowls are in the cupboard.

---

**arrancar(se)** a-rran-KAR-se   verb          to take out, pull out
El camión arranca el árbol.
The truck pulls the tree out.

---

**arrastrar**   a-rras-TRAR   verb                to drag

| | |
|---|---|
| Yo arrastro | Nosotros arrastramos |
| Tú arrastras | (Vosotros arrastráis) |
| Él, Ella, Usted arrastra | Ellos, Ellas, Ustedes arrastran |

David arrastra un costal.
David drags a sack.

---

**arreglar**   a-rre-GLAR   verb                to repair

| | |
|---|---|
| Yo arreglo | Nosotros arreglamos |
| Tú arreglas | (Vosotros arregláis) |
| Él, Ella, Usted arregla | Ellos, Ellas, Ustedes arreglan |

El trabajador arregla la máquina.
The worker repairs the machine.

---

**arrestar**   a-rres-TAR   verb                to arrest

| | |
|---|---|
| Yo arresto | Nosotros arrestamos |
| Tú arrestas | (Vosotros arrestáis) |
| Él, Ella, Usted arresta | Ellos, Ellas, Ustedes arrestan |

El policía arresta a los ladrones.
The policeman arrests the robbers.

---

---

**arriba**   a-RREE-ba    adverb           upstairs

Mi recámara está arriba.

My bedroom is upstairs.

---

**arrollar**   a-rro-LYAR, a-rro-YAR    verb     to roll

Yo arrollo            Nosotros arrollamos

Tú arrollas         (Vosotros arrolláis)

Él, Ella, Usted       Ellos, Ellas, Ustedes

   arrolla               arrollan

Los muchachos arrollan los periódicos.

The boys are rolling the newspapers.

---

**el arroz**   a-ROS    noun, masc.       rice

Me gusta el arroz con pollo.

I like rice with chicken.

---

**así**   a-SEE    adverb               this way, so

Así comen los españoles.

The Spanish eat this way.

---

**el asiento**   a-SYEN-to    noun, masc.      seat

Este asiento es para usted.

This seat is for you.

---

**asistir**   a-sees-TEER    verb           to attend

Yo asisto             Nosotros asistimos

Tú asistes          (Vosotros asistís)

Él, Ella, Usted       Ellos, Ellas, Ustedes

   asiste              asisten

Los padres asisten a las reuniones de la escuela.
The parents attend the school meetings.

---

**la aspiradora**   as-pee-ra-DO-ra   noun, fem.   vacuum cleaner

La aspiradora limpia la alfombra.
The vacuum cleaner cleans the rug.

---

**el astronauta**   as-tro-NAU-ta   noun, masc.   astronaut

El astronauta es muy valiente.
The astronaut is very courageous.

---

**astuto**   as-TU-to   adjective, masc.   cunning
**astuta** (fem.)

Es un hombre astuto.
He is a cunning man.

---

**atreverse**   a-tre-BER-se   verb   to dare

| | |
|---|---|
| Yo me atrevo | Nosotros nos atrevemos |
| Tú te atreves | (Vosotros os atrevéis) |
| Él, Ella, Usted se atreve | Ellos, Ellas, Ustedes se atreven |

¿Quién se atreve a subir el árbol?
Who dares to climb the tree?

---

**ausente**   au-SEN-te   adjective   absent

¿Quién está ausente hoy?
Who is absent today?

---

**el autobús**   au-to-BUS   noun, masc.   bus

Rafael toma el autobús a las siete de la mañana.
Ralph takes the bus at seven A.M.

---

**el automóvil**   au-to-MO-beel   noun, masc.   automobile

Acaban de comprar un automóvil.
They have just bought an automobile.

---

**la avenida**   a-be-NEE-da   noun, fem.   avenue

13

El edificio está cerca de la avenida Madero.
The building is near Madero Avenue.

---

**la aventura**   a-ben-TU-ra   noun, fem.      adventure
María cuenta su aventura.
Mary is telling her adventure.

---

**avergonzarse**   a-ber-gon-SAR-se   verb    to be ashamed
Yo me avergüenzo     Nosotros nos avergonzamos
Tú te avergüenzas     (Vosotros os avergonzáis)
Él, Ella, Usted         Ellos, Ellas, Ustedes
   se avergüenza          se avergüenzan
Se avergüenza cuando no hace la tarea.
He is ashamed when he does not do his homework.

---

**el avión**   a-BEEON   noun, masc.      plane
El avión se despega del aeropuerto.
The plane takes off from the airport.

**el avión a chorro**   noun, masc.     jet airplane
El avión a chorro es muy rápido.
The jet airplane is very rapid.

---

**¡ay!**   AEE   interjection            (Alas!), Oh!
¡Ay! La hora llega.
Oh! The hour is here.

---

**ayer**   a-YER   adverb            yesterday
En el refrigerador hay comida de ayer.
There is food from yesterday in the refrigerator.

---

---

**ayudar**   a-yu-DAR    verb            to help

| | |
|---|---|
| Yo ayudo | Nosotros ayudamos |
| Tú ayudas | (Vosotros ayudáis) |
| Él, Ella, Usted | Ellos, Ellas, Ustedes |
| ayuda | ayudan |

Los señores en la ambulancia van a ayudar.
The men in the ambulance are going to help.

---

**el azúcar**   a-SU-car    noun, masc.      sugar
El azúcar es dulce.
Sugar is sweet.

---

**azul**   a-SUL    adjective            blue
A veces el cielo está azul.
Sometimes the sky is blue.

---

# B

**bailar**   baee-LAR    verb           to dance

| | |
|---|---|
| Yo bailo | Nosotros bailamos |
| Tú bailas | (Vosotros bailáis) |
| Él, Ella, Usted | Ellos, Ellas, Ustedes |
| baila | bailan |

Me gusta bailar.
I like to dance.

---

**bajar**   ba-JAR    verb           to go down

| | |
|---|---|
| Yo bajo | Nosotros bajamos |
| Tú bajas | (Vosotros bajáis) |
| Él, Ella, Usted | Ellos. Ellas, Ustedes |
| baja | bajan |

Ellos bajan por la escalera.
They go down the stairway.

---

**bajo**   BA-jo    adjective, masc.      low
**baja** (fem.)

El techo es bajo.
The roof is low.

---

15

**bañarse**  ba-NYAR-se   verb        to take a bath
                Yo me baño         Nosotros nos bañamos
                Tú te bañas         (Vosotros os bañais)
                Él, Ella, Usted    Ellos, Ellas, Ustedes
                  se baña           se bañan
                En casa nos bañamos por la noche.
                At home we take a bath at night.

**el baño**  BA-nyo   noun, masc.       bath
                Ella está en el baño ahora.
                She is in the bath now.

**el baño de regadera**   noun, masc.   shower
                Mi papá prefiere el baño de regadera.
                My father prefers the shower.

**el baño de sol**   noun, masc.     sunbath
                Juanita toma un baño de sol en el patio.
                Juanita takes a sunbath on the patio.

**barato**  ba-RA-to   adjective,masc.      cheap
  **barata**  (fem.)
                Es un juguete barato.
                It is a cheap toy.

**la barba**  BAR-ba   noun, fem.     beard, chin
                Santa Claus tiene una barba blanca.
                Santa Claus has a white beard.

---

**el barco**  BAR-co  noun, masc.          boat
　　　　　Ellos pasean en el barco.
　　　　　They take a ride in the boat.

---

**el básquetbol**  BAS-ket-bol  noun, masc.      basketball
　　　　　A mi hermano le gusta jugar al básquetbol.
　　　　　My brother likes to play basketball.

---

**el bebé**  be-BE  noun, masc.          baby
　　　　　El bebé de mi tía llora mucho.
　　　　　My aunt's baby cries a lot.

---

**el béisbol**  BAYS-bol  noun, masc.      baseball
　　　　　El béisbol es mi deporte favorito.
　　　　　Baseball is my favorite sport.

---

**bello**  BE-lyo, BE-yo  adjective, masc.      beautiful
**bella**  (fem.)
　　　　　El jardín es bello.
　　　　　The garden is beautiful.

---

**el beso**  BE-so  noun, masc.          kiss
　　　　　La madre le da un beso al hijo.
　　　　　The mother gives her son a kiss.

---

**la biblioteca**  bee-bleeo-TE-ka  noun, fem.      library
　　　　　En la biblioteca hay libros de toda clase.
　　　　　There are all kinds of books in the library.

---

**la bicicleta**  bee-see-KLE-ta  noun, fem.      bicycle
　　　　　La bicicleta tiene dos ruedas.
　　　　　The bicycle has two wheels.

---

**bien**  BYEN  adjective          all right
　　　　　¡Está bien! Juan puede jugar.
　　　　　It's all right. Juan can play.

---

---

**bien**    BYEN      adverb                well
> Jorge escribe bien.
> George writes well.

  **bien hecho**      adverb             Well done!
> El trabajo está bien hecho.
> The work is well done.

---

**el bistek**    bees-TEK      noun, masc.      beefsteak
> Siempre ordena un bistek en el restaurante.
> He always orders a beefsteak in the restaurant.

---

**blanco**    BLAN-ko      adjective, masc.      white
**blanca**    (fem.)
> El coche es blanco.
> The car is white.

---

**la boca**    BO-ka      noun, fem.            mouth
> Se come con la boca.
> One eats with his mouth.

---

**la bola**    BO-la      noun, fem.            doorknob
**(para abrir una puerta)**
> Usa la bola de la puerta para abrirla.
> Use the doorknob to open the door.

---

**el boleto**    bo-LE-to      noun, masc.         ticket
> ¿Tiene Ud. un boleto?
> Do you have a ticket?

---

**la bolsa**    BOL-sa      noun, fem.         purse, pocket
> La señora pone el dinero en la bolsa.
> The lady puts the money in her purse.

  **la bolsa de mano**      noun, fem.        handbag
> Su bolsa de mano está en el ropero.
> Her handbag is in the closet.

---

---

**el bolsillo**  bol-SEE-lyo, bol-SEE-yo   noun, masc.   pocket
Hay un bolsillo dentro del saco.
There is a pocket inside the coat (jacket).

---

**el bombero**  bom-BE-ro   noun, masc.        fireman
Los bomberos están en el camión.
The firemen are on the truck.

---

**bonito**  bo-NEE-to   adjective, masc.   pretty
**bonita**  (fem.)
El vestido es muy bonito.
The dress is very pretty.

---

**el borrador**  bo-rra-DOR   noun, masc.   eraser
El borrador del lápiz es de hule.
The pencil eraser is made of rubber.

---

**borrar**  bo-RRAR   verb                    to erase
Yo borro                 Nosotros borramos
Tú borras                (Vosotros borráis)
Él, Ella, Usted          Ellos, Ellas, Ustedes
  borra                    borran
La maestra borra la pizarra.
The teacher erases the chalkboard.

---

**el bosque**  BOS-ke   noun, masc.   forest
Hay muchos árboles en el bosque.
There are many trees in the forest.

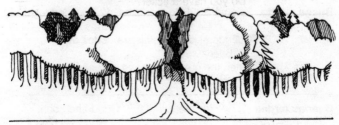

---

19

**la botella**    bo-TE-lya, bo-TE-ya    noun, fem.      bottle
La botella de agua está en el refrigerador.
The bottle of water is in the refrigerator.

**la botica**    bo-TEE-ka    noun, fem.      drugstore
La señora va a la botica para comprar medicina.
The lady goes to the drugstore to buy medicine.

**el botón**    bo-TON    noun, masc.      button
El saco tiene un botón grande.
The coat (jacket) has a large button.

**¡Bravo!**    BRA-bo    interjection      Hurrah!
¡Bravo! Acaba de sacar una buena nota.
Hurrah! He just got a good grade.

**brincar**    breen-KAR    verb      to jump

| | |
|---|---|
| Yo brinco | Nosotros brincamos |
| Tú brincas | (Vosotros brincáis) |
| Él, Ella, Usted | Ellos, Ellas, Ustedes |
| brinca | brincan |

No brincamos en la sala de clase.
We do not jump in the classroom.

**brincar la cuerda**    idiomatic      to jump rope
expression
Nos gusta brincar la cuerda.
We like to jump rope.

**Buena suerte**    bue-na-SUER-te    idiomatic    Good luck!
expression
Cuando el juego comienza, todos dicen
"¡Buena suerte!"
When the game begins, everyone says
"Good luck!"

**Buenas tardes**           idiomatic        Good afternoon,
bue-nas-TAR-des     expression        Good evening

Los niños dicen a la maestra "Buenas tardes."
The children say "Good afternoon" to the teacher.

---

**Buenos días**  bue-nos-DEE-as  idiomatic  Good morning
                                expression
Cuando nos despertamos decimos "Buenos
días."
When we wake up, we say "Good morning."

---

**el bulevar**  bu-le-VAR  noun, masc.  boulevard
El desfile es en el bulevar de San Miguel.
The parade is on St. Michael's Boulevard.

---

**el buque**  BU-ke  noun, masc.  ship
Es un buque de guerra.
It is a war ship.

---

**buscar**  bus-KAR  verb  to look for

| Yo busco | Nosotros buscamos |
|---|---|
| Tú buscas | (Vosotros buscáis) |
| Él, Ella, Usted busca | Ellos, Ellas, Ustedes buscan |

Yo busco mi lápiz amarillo.
I am looking for my yellow pencil.

---

**el buzón**  bu-SON  noun, masc.  mailbox
El cartero deja la carta en el buzón.
The mailman leaves the letter in the mailbox.

---

# C

---

**la cabeza**  ka-BE-sa  noun, fem.  head
Le duele la cabeza a ella.
She has a headache.

---

**el cacahuate**  ka-ka-UA-te  noun, masc.  peanut
**(el cacahuete)**
Cuando vamos al juego de béisbol, comemos
cacahuetes.

When we go to the baseball game, we eat peanuts.

---

**cada**   KA-da    adjective          each
Cada alumno tiene que tocar un instrumento.
Each pupil has to play an instrument.

   **cada uno**    pronoun, masc.      everyone
Cada uno va a hacer su parte.
Everyone is going to do his part.

---

**caer**   ka-ER    verb             to fall
El vaso va a caer en el suelo.
The glass is going to fall on the ground.

   **caerse**      verb        to fall, to fall down

| | |
|---|---|
| Yo me caigo | Nosotros nos caemos |
| Tú te caes | (Vosotros vos caéis) |
| El, Ella, Usted | Ellos, Ellas, Ustedes |
| se cae | se caen |

El bebé se cae de la cama.
The baby falls down from the bed.

---

**el café**   ka-FE    noun, masc.      coffee
A mis padres les gusta el café.
My parents like coffee.

---

**la caída**   ka-EE-da    noun, masc.      fall
La caída de la nieve es bonita.
The snowfall is pretty.

---

**la caja**   KA-ja    noun, fem.        box
¿Es una caja de dulces?
Is it a box of candy?

   **la caja para dinero**    noun, masc.    money box

---

**el cajón**   ka-JON    noun, masc.     box; drawer
Pongan los peines en el cajón.

Put the combs in the drawer.

---

**la calabaza**  ka-la-BA-sa   noun, fem.   pumpkin
En octubre mamá hace pastel de calabaza.
Mother makes pumpkin pie in October.

---

**el calcetín**  kal-se-TEEN   noun, mas.   sock
**los calcetines (plu.)**
En invierno llevo calcetines gruesos.
I wear thick socks in winter.

---

**el calendario**  ka-len-DA-reeo   noun, masc.   calendar
El calendario indica los meses del año.
The calendar indicates the months of the year.

---

**caliente**  ka-LYEN-te   adjective   hot
La sopa está caliente.
The soup is hot.

---

**calmado**  kal-MA-do   adjective,masc.   calm
**calmada** (fem.)
Ya no hace viento. El día está calmado.
It is not windy anymore. The day is calm.

---

**la calle**  KA-lye, KA-ye   noun, fem.   street
Yo vivo en esa calle.
I live on that street.

---

**la cama**  KA-ma   noun, fem.   bed
El niño duerme en su cama.
The boy is sleeping in his bed.

---

23

---

**la cámara**  KA-ma-ra    noun, fem.      camera
El toma (saca) una foto con su cámara.
He takes a picture with his camera.

---

**el cambio**  KAM-beeo    noun, masc.    change
No traigo cambio en la bolsa.
I don't have change in my pocket.

---

**caminar**  ka-mee-NAR    verb      to walk
Yo camino          Nosotros caminarnos
Tú caminas         (Vosotros camináis)
Él, Ella, Usted    Ellos, Ellas, Ustedes
  camina             caminan
Mis abuelos tienen que caminar todos los días.
My grandparents have to walk everyday.

---

**el camino**  ka-MEE-no    noun, masc.    highway, road
El camión va por el camino.
The truck is going down the highway.

---

**el camión**  ka-MEEON    noun, masc.      truck
El camión es rojo.
The truck is red.

**el camión de bomberos**    noun, masc.      fire truck

---

**la camisa**  ka-MEE-sa    noun, fem.    shirt
La camisa es de muchos colores.
The shirt is of many colors.

---

**el campo**  KAM-po    noun, masc.    camp, field, country
Hay muchas flores en el campo.
There are many flowers in the country.

**el campo de recreo**    noun, masc.    playground
Ellos juegan al fútbol en el campo de recreo.
They are playing football in the playground.

---

YOUR RECEIPT

THANK YOU

08/01/2012  5:24PM    01
000000#5281        CLERK01

DEPT 01
MDSE ST           1 $0.49        $0.49
TAX1                              $0.04

ITEMS          10

***TOTAL       $0.53
CASH           $1.00
CHANGE         $0.47

**la canasta** ka-NAS-ta    noun, fem.    basket
  **el canasto** (masc.)
          Hay fruta en la canasta
          There is fruit in the basket.

**la canción** kan-SEEON    noun, fem.    song
          Cante usted una canción en español, por favor.
          Please sing a song in Spanish.

**el canguro** kan-GU-ro    noun, masc.    kangaroo
          En el zoológico hay un canguro recién nacido.
          There is a newborn kangaroo at the zoo.

**cansado** kan-SA-do    adjective, masc.    tired
  **cansada** (fem.)
          Mamá está muy cansada.
          Mother is very tired.

**cantar** kan-TAR    verb                    to sing
          Yo canto              Nosotros cantamos
          Tú cantas             (Vosotros cantáis)
          Él, Ella, Usted       Ellos, Ellas, Ustedes
            canta                 cantan
          ¿Sabes cantar?
          Do you know how to sing?

**la capital** ka-pee-TAL    noun, fem.    capital

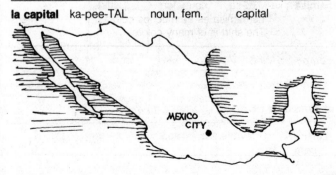

La Ciudad de Mexico es la capital de Mexico.
Mexico City is the capital of Mexico.

---

**capturar**   kap-tu-RAR     verb            to capture

| | |
|---|---|
| Yo capturo | Nosotros capturamos |
| Tú capturas | (Vosotros capturáis) |
| El, Ella, Usted | Ellos, Ellas, Ustedes |
| captura | capturan |

El policía captura al ladrón.
The policeman captures the thief.

---

**la cara**   KA-ra     noun, fem.         face

Trae la cara sucia.
His face is dirty.

---

**la carne**   KAR-ne     noun, fem.         meat

Juan come mucha carne.
John eats a lot of meat.

---

**la carnicería**   kar-nee-se-REE-a     noun, fem.   butcher shop,
                                                 meat market

En la carnicería venden carne.
They sell meat in the meat market.

---

**el carnicero**   kar-nee-SE-ro     noun, masc.         butcher

El carnicero corta la carne.
The butcher cuts the meat.

---

**caro**   KA-ro     adjective, masc.         expensive
**cara**   (fem.)

Es caro comer en el restaurante.
It is expensive to eat in the restaurant.

---

**la carta**   KAR-ta     noun, fem.          letter
El cartero lleva mis cartas.
The postman carries my letters.

---

**el cartero**   kar-TE-ro     noun, masc.     mailman, postman
El cartero siempre lleva el correo.
The mailman always carries the mail.

---

**casi**   KA-see     adverb            almost
Casi tiene doce años.
He is almost twelve years old.

---

**castigar**   kas-tee-GAR     verb          to punish

| | |
|---|---|
| Yo castigo | Nosotros castigamos |
| Tú castigas | (Vosotros castigáis) |
| El, Ella, Usted | Ellos, Ellas, Ustedes |
| castiga | castigan |

Cuando los alumnos son traviesos, la maestra
los castiga.
When the children are naughty, the teacher
punishes them.

---

**el castillo**   kas-TEE-lyo, kas-TEE-yo     noun, masc.     castle
La reina vive en el castillo.
The queen lives in the castle.

---

**catorce**   ka-TOR-se     adjective         fourteen
Hay catorce niñas y quince niños en la sala
de clase.
There are fourteen girls and fifteen boys in
the classroom.

---

**la cebolla**   se-BO-lya, se-BO-ya     noun, fem.     onion
A mí no me gusta la sopa de cebolla.
I don't like onion soup.

---

---

**la cebra**    SE-bra      noun, fem.         zebra
             La cebra es un animal blanco de rayas negras.
             The zebra is a white animal with black stripes.

---

**cepillar**    se-pee-LYAR, se-pi-YAR     verb        to brush

| | |
|---|---|
| Yo cepillo | Nosotros cepillamos |
| Tú cepillas | (Vosotros cepilláis) |
| El, Ella, Usted cepilla | Ellos, Ellas, Ustedes cepillan |

             El señor cepilla el saco.
             The man brushes the jacket.

   **cepillarse**       verb               to brush oneself
             Me cepillo el pelo.
             I brush my hair.

---

**el cepillo**    se-PEE-lyo, se-PEE-yo    noun, masc.       brush
             El cepillo está en el cajón.
             The brush is in the drawer.

   **el cepillo de dientes**      noun, masc.        toothbrush
             Mi cepillo de dientes es verde.
             My toothbrush is green.

   **el cepillo de pelo**      noun, masc.          hairbrush
             El cepillo de pelo está sobre la mesa.
             The hairbrush is on the table.

---

**cerca de**    SER-ka-de    preposition      near

La silla está cerca de la mesa.
The chair is near the table.

---

**la cereza**  se-RE-sa    noun, fem.        cherry
Me gusta mucho el pastel de cereza.
I like cherry pie very much.

---

**el cerillo**  se-REE-lyo, se-REE-yo  noun, masc.    match
**la cerilla**  ¿Tiene Ud. un cerillo?
Do you have a match?

---

**el cero**  SE-ro    noun, masc.        zero
Si no haces el trabajo, la maestra escribe un cero
  en tu papel.
If you don't do the work, the teacher writes a zero
  on your paper.

---

**cerrar**  se-RRAR    verb            to close
Yo cierro            Nosotros cerramos
Tú cierras           (Vosotros cerráis)
El, Ella, Usted      Ellos, Ellas, Ustedes
  cierra               cierran
Cierran las puertas de la escuela a las cuatro.
They close the school doors at four o'clock.

---

**ciego**  SYE-go    adjective, masc.      blind
**ciega**  (fem.)
Ese señor es ciego.
That man is blind.

---

**el cielo**  SYE-lo    noun, masc.        sky
Hay muchas nubes en el cielo.
There are many clouds in the sky.

---

**la ciencia**  SYEN-cea    noun, fem.        science
La lección trata de la ciencia.
The lesson is about science.

---

29

---

**cierto** SYER-to    adjective, masc.    certain, sure
  **cierta** (fem.)
             ¿Viene a cierta hora?
             Is he coming at a certain hour?

---

**el cigarrillo** see-ga-REE-lyo,    noun, masc.    cigarette
             see-ga-REE-yo
             No es bueno fumar cigarrillos.
             It is not good to smoke cigarettes.

---

**cinco** SEEN-ko    adjective    five
             Hay cinco personas en mi familia.
             There are five persons in my family.

---

**cincuenta** seen-KUEN-ta    adjective    fifty
             Hay cincuenta cosas en la tienda.
             There are fifty things in the store.

---

**la cinta** SEEN-ta    noun, fem.    ribbon
             Margarita lleva una cinta color de rosa en el pelo.
             Margaret is wearing a pink ribbon in her hair.

---

**el cinto** SEEN-to    noun, masc.    belt
             El vestido tiene un cinto negro.
             The dress has a black belt.

---

**el circo** SEER-ko    noun, masc.    circus
             El circo es muy divertido.
             The circus is very amusing.

---

**el círculo** SEER-ku-lo    noun, masc.    circle
             El círculo es redondo.
             The circle is round.

---

**la ciudad** seeu-DAD    noun, fem.    city
             Vivimos en una ciudad muy grande.

We live in a very large city.

---

**claro** KLA-ro     adjective, masc.          clear
  **clara** (fem.)
          El día está claro.
          The day is clear.

---

**la clase** KLA-se     noun, fem.          class
          Me gusta esta clase.
          I like this class.

---

**el clavo** KLA-bo     noun, masc.          nail
          La puerta necesita un clavo.
          The door needs a nail.

---

**la cobija** ko-BEE-ja     noun, fem.          blanket
          La cobija está en la cama.
          The blanket is on the bed.

---

**el coche** KO-che     noun, masc.          carriage, car
          La reina está en el coche.
          The queen is in the carriage.

  **el coche del bebé**     noun, masc.          baby carriage
          La muñeca está en el coche del bebé.
          The doll is in the baby carriage.

---

**la cochera** ko-CHE-ra     noun, fem.          garage
          El auto está en la cochera.
          The automobile is in the garage.

---

**el cochino** ko-CHEE-no     noun, masc.          pig
          El cochino siempre tiene hambre.
          The pig is always hungry.

---

**la cocina** ko-SEE-na     noun, fem.          kitchen
          Mamá prepara la comida en la cocina.
          Mother prepares the food in the kitchen.

---

---

**cocinar**  ko-see-NAR   verb                    to cook
  Yo cocino              Nosotros cocinamos
  Tú cocinas             (Vosotros cocináis)
  El, Ella, Usted        Ellos, Ellas, Ustedes
   cocina                 cocinan
  ¿Quién cocina todos los días?
  Who cooks every day?

---

**el cohete**  ko-E-te   noun, masc.       rocket, firework
  El cohete viaja por el espacio.
  The rocket travels through space.

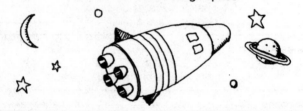

---

**la col**  KOL   noun, fem.                cabbage
  Aquí sirven jamón y col.
  They serve cabbage and ham here.

---

**la cola**  KO-la   noun, fem.             tail
  La cola del perro es corta.
  The dog's tail is short.

---

**el color**  ko-LOR   noun, masc.          color
  ¿Cuál es tu color favorito?
  What is your favorite color?

  **el color café**   noun, masc.           brown
  Sus ojos son color café.
  Her eyes are brown.

---

**el columpio**  ko-LUM-peeo   noun, masc.     swing
  Ella se divierte en el columpio.

She has fun on the swing.

---

**el comedor**    ko-me-DOR    noun, masc.    dining room
La familia come en el comedor.
The family eats in the dining room.

---

**la comida**    ko-MEE-da    noun, fem.      food, meal
La comida está en la mesa.
The food is on the table.

---

**como**    KO-mo    conjunction; adverb      as
Ellos hacen como hacen los payasos.
They do as the clowns do.

---

**¿Cómo?**      KO-mo       interrogative    How are you?
**¿Cómo está?**   KO-mo-es-TA    adverb
**¿Cómo estás?**
¿Cómo está usted, señor Fernández?
How are you, Mr. Fernández?

---

**cómodo**   KO-mo-do    adjective,masc.      comfortable
  **cómoda**   (fem.)
El sillón es cómodo.
The chair is comfortable.

---

**la compañía**    kom-pa-NYEE-a    noun, fem.    company
Esos señores son de la compañía de galletas.
Those men are from the cookie company.

---

**compartir**    kom-par-TEER    verb      to share
  Yo comparto          Nosotros compartimos
  Tú compartes        (Vosotros compartís)
  Él, Ella, Usted       Ellos, Ellas, Ustedes
    comparte            comparten
Vamos a compartir el pastel.
Let's share the pie.

---

**comportarse**    kom-por-TAR-se    verb      to behave

| | |
|---|---|
| Yo me comporto | Nosotros nos comportamos |
| Tú te comportas | (Vosotros os comportáis) |
| Él, Ella, Usted se comporta | Ellos, Ellas, Ustedes comportan |

Todo el mundo se comporta bien cuando la maestra está aquí.

Everyone behaves well when the teacher is here.

---

**comprar**  kom-PRAR   verb        to buy

| | |
|---|---|
| Yo compro | Nosotros compramos |
| Tú compras | (Vosotros compráis) |
| Él, Ella, Usted compra | Ellos, Ellas, Ustedes compran |

Se compra pan en la panadería.

One buys bread at the bakery.

---

**con**  KON   preposition        with

Yo paseo en bicicleta con mi prima.

I go bicycle riding with my cousin.

---

**la concha**  KON-cha   noun, fem.      shell

Vamos a la playa a buscar conchas.

Let's go to the beach to look for shells.

---

**conducir**  kon-du-SEER   verb        to drive

| | |
|---|---|
| Yo conduzco | Nosotros conducimos |
| Tú conduces | (Vosotros conducís) |
| Él, Ella, Usted conduce | Ellos, Ellas, Ustedes conducen |

Mi padre conduce un autobús.
My father drives a bus.

**conducir un avión**   verb        to fly a plane
El piloto conduce el avión sobre el océano.
The pilot flies the plane over the ocean.

---

**el conductor**   kon-duk-TOR   noun, masc.        driver
El conductor del camión tiene mucho cuidado.
The truck driver is very careful.

---

**el conejo**   ko-NE-jo   noun, masc.        rabbit
El conejo tiene los ojos color rosa.
The rabbit has pink eyes.

---

**conocer**   ko-no-SER   verb        to know,
                                        to be acquainted
Yo conozco            Nosotros conocemos
Tú conoces            (Vosotros conocéis)
Él, Ella, Usted       Ellos, Ellas, Ustedes
   conoce                conocen
Nosotros conocemos la cuidad de Madrid.
We know the city of Madrid.

**conocer a alguien**   verb        to know someone
Yo conozco a Carmen.
I know Carmen.

---

**la conserva**   kon-SER-ba   noun, fem.        preserves, jam
Nos gusta la conserva de fresa con pan.

35

We like strawberry jam on bread.

---

**contar**   kon-TAR   verb           to count, to tell

| | |
|---|---|
| Yo cuento | Nosotros contamos |
| Tú cuentas | (Vosotros contáis) |
| Él, Ella, Usted | Ellos, Ellas, Ustedes |
| cuenta | cuentan |

Los niños pueden contar hasta ciento.
The children can count to one hundred.

---

**contento**   kon-TEN-to   adjective, masc.     happy
**contenta** (fem.)

Los alumnos están contentos porque van
al parque.
The pupils are happy because they are going
to the park.

---

**continuar**   kon-tee-NUAR   verb      to continue

| | |
|---|---|
| Yo continúo | Nosotros continuamos |
| Tú continúas | (Vosotros continuáis) |
| Él, Ella, Usted | Ellos, Ellas, Ustedes |
| continúa | continúan |

El cuento continúa en la página siguiente.
The story continues on the next page.

---

**copiar**   ko-PEEAR   verb          to copy

| | |
|---|---|
| Yo copio | Nosotros copiamos |
| Tú copias | (Vosotros copiáis) |
| Él, Ella, Usted | Ellos, Ellas, Ustedes |
| copia | copian |

Hay que copiar el trabajo de la pizarra.
We have to copy the work from the board.

---

**el corazón**   ko-ra-SON   noun, masc.     heart
José tiene un corazón fuerte.
Joe has a strong heart.

---

**el cordón**   kor-DON   noun, masc.     string

El cordón del papalote es largo.
The kite's string is long.

---

**correcto**   ko-RREK-to    adjective, masc.    correct, right
**correcta** (fem.)

Las oraciones están correctas.
The sentences are correct.

---

**corregir**   ko-rre-JEER    verb        to correct

| | |
|---|---|
| Yo corrijo | Nosotros corregimos |
| Tú corriges | (Vosotros corregís) |
| Él, Ella, Usted | Ellos, Ellas, Ustedes |
|   corrige |   corrigen |

Los maestros corrigen el trabajo de la clase.
The teachers correct the class work.

---

**el correo**   ko-RRE-o    noun, masc.    post office, mail

Enrique va al correo a echar las cartas.
Henry goes to the post office to mail the letters.

---

**correr**   ko-RRER    verb        to run

| | |
|---|---|
| Yo corro | Nosotros corremos |
| Tú corres | (Vosotros corréis) |
| Él, Ella, Usted | Ellos, Ellas, Ustedes |
|   corre |   corren |

Los muchachos corren en el campo de recreo.
The boys run in the playground.

---

**cortar**   kor-TAR    verb        to cut

| | |
|---|---|
| Yo corto | Nosotros cortamos |
| Tú cortas | (Vosotros cortáis) |
| Él, Ella, Usted | Ellos, Ellas, Ustedes |
|   corta |   cortan |

El señor corta la hierba.
The man cuts the grass.

---

**cortés**   kor-TES    adjective        courteous, polite

María es muy cortés con los maestros.

Mary is very polite with teachers.

---

**la cortina**    kor-TEE-na    noun, fem.    curtain
Las cortinas de mi recámara son blancas.
The curtains in my bedroom are white.

---

**coser**    ko-SER    verb                 to sew

| | |
|---|---|
| Yo coso | Nosotros cosemos |
| Tú coses | (Vosotros coséis) |
| Él, Ella, Usted cose | Ellos, Ellas, Ustedes cosen |

Mi tía cose mis pantalones.
My aunt is sewing my pants.

---

**el costal**    kos-TAL    noun, masc.    sack
Es un costal de papas.
It is a sack of potatoes.

---

**costar**    kos-TAR    verb                 to cost
cuesta           It costs . . .
cuestan         They cost . . .
La ropa cuesta mucho.
Clothes cost a lot.

---

**crecer**    kre-SER    verb                 to grow

| | |
|---|---|
| Yo crezco | Nosotros crecemos |
| Tú creces | (Vosotros crecéis) |
| Él, Ella, Usted crece | Ellos, Ellas, Ustedes crecen |

Algunos niños crecen muy rápido.
Some children grow very fast.

---

**creer** kre-ER    verb                    to believe

| Yo creo | Nosotros creemos |
| Tú crees | (Vosotros creéis) |
| Él, Ella, Usted cree | Ellos, Ellas, Ustedes creen |

Yo no creo esa historia.
I don't believe that story.

---

**la criada** kree-A-da    noun, fem.        maid

La criada plancha la ropa.
The maid irons the clothes.

---

**cruzar** kru-ZAR    verb                    to cross

| Yo cruzo | Nosotros cruzamos |
| Tú cruzas | (Vosotros cruzáis) |
| Él, Ella, Usted cruza | Ellos, Ellas, Ustedes cruzan |

Juan y Enrique cruzan la calle con cuidado.
John and Henry cross the street carefully.

---

**el cuaderno** kua-DER-no    noun, masc.        notebook

Cada alumno tiene un cuaderno.
Each pupil has a notebook.

---

**el cuadro** KUA-dro    noun, masc.        picture, painting

Hay cuatro gatos en el cuadro.
There are four cats in the picture.

---

**cualquier** kual-KYER    adjective, masc.        any
**cualquiera** (fem.)

Vengan cualquier día de la semana.
Come any day of the week.

---

**cuando** KUAN-do    adverb            when

Cuando mis primos están en casa, jugamos
al béisbol.
When my cousins are home, we play baseball.

---

**cuarenta**  kua-REN-ta    adjective         forty
Hay cuarenta ventanas en este edificio.
There are forty windows in this building.

---

**cuarto**  KUAR-to    adjective, masc.        fourth
**cuarta**  (fem.)
Juan se come la cuarta parte del pastel.
John eats a fourth of the pie.

---

**el cuarto**  KUAR-to    noun, masc.        room, quart
Mi cuarto es pequeño.
My room is small.

**el cuarto de baño**    noun, masc.        bathroom
Me lavo y me peino en el cuarto be baño.
I wash up and comb my hair in the bathroom.

---

**la cubeta;**  ku-BE-ta    noun, fem.        pail
**el cubo**              Lleva agua en la cubeta.
He is carrying water in the pail.

---

**cubierto**  ku-BYER-to    adjective, masc.        covered
**cubierta**  (fem.)

El jardín está cubierto de flores.
The garden is covered with flowers.

---

40

---

**cubrir**  ku-BREER    verb                    to cover
        Yo cubro              Nostros cubrimos .
        Tú cubres             (Vosotros cubrís)
        Él, Ella, Usted        Ellos, Ellas, Ustedes
          cubre               cubren
        Las mujeres se cubren la cabeza cuando llueve.
        The women cover their heads when it rains.

---

**la cuchara**  ku-CHA-ra    noun, fem.    spoon
        La cuchara está cerca del plato.
        The spoon is near the plate.

---

**el cuchillo**  ku-CHEE-lyo, cu-CHEE-yo    noun, masc.    knife
        El cuchillo está sobre la mesa.
        The knife is on the table.

---

**el cuello**  KUE-lyo,    noun, masc.    neck (of a person),
       KUE-yo                                collar
        La señora lleva una joya magníﬁca en el cuello.
        The lady is wearing a magnificent jewel necklace.
        La camisa tiene un cuello blanco.
        The shirt has a white collar.

---

**la cuenta**  KUEN-ta    noun, fem.    bill, check
        Papá paga la cuenta.
        Dad pays the bill.

---

**el cuento**  KUEN-to    noun, masc.    tale, story
        ¿Quieren oír un cuento?
        Do you want to hear a story?

  **el cuento de hadas**    noun, masc.    fairytale
        "Cenicienta" es un cuento de hadas.
        "Cinderella" is a fairytale.

---

**la cuerda**  KUER-da    noun, fem.    rope
        Vamos a brincar la cuerda.

Let's jump rope.

---

**el cuero**  KUE-ro   noun, masc.      leather
Para Navidad, quiero una chaqueta de cuero.
For Christmas, I want a leather jacket.

---

**¡Cuidado!**  kuee-DA-do   interjection   Be careful!
¡Cuidado! Hay mucho tráfico ahora.
Be careful! There's a lot of traffic now.

---

**cuidar**  kuee-DAR   verb            to look after,
                                        to take care of
Yo cuido              Nosotros cuidamos
Tú cuidas             (Vosotros cuidáis)
Él, Ella, Usted       Ellos, Ellas, Ustedes
· cuida                  cuidan
Cuando mis padres salen a pasear, yo tengo
  que cuidar al bebé.
When my parents go out, I have to take care of
  the baby.

---

**el cumpleaños**  kum-ple-A-nyos   noun, masc.   birthday
Mi cumpleaños es el dieciocho de diciembre.
My birthday is December eighteenth.

---

**la cuna**  KU-na   noun, fem.         cradle
El bebé está en la cuna.
The baby is in the cradle.

---

---

**curioso** ku-REEO-so     adjective, masc.          curious
**curiosa** (fem.)

> Alejandro es una persona curiosa. Siempre hace preguntas.
>
> Alex is a curious person. He always asks questions.

## CH

**el chabacano** cha-ba-KA-no     noun, masc.          apricot

> El chabacano no es mi fruta favorita.
> The apricot is not my favorite fruit.

---

**el chapulín** cha-pu-LEEN     noun, masc.          grasshopper

> El muchacho agarra un chapulín (el saltón)
> The boy catches a grasshopper.

---

**la chaqueta** cha-KE-ta     noun, fem.          jacket

> Lleva una chaqueta porque hace frío.
> He wears a jacket because it is cold.

---

**el charol** cha-ROL     noun, masc.          patent leather

> Los zapatos son de charol.
> The shoes are of patent leather.

---

**los chícharos** CHEE-cha-ros     noun, masc.          peas

> Mamá pone chícharos (guisantes) en el arroz.
> Mother puts peas in the rice.

---

---

**la chimenea**   chee-me-NE-a   noun, fem.     chimney; fireplace

La casa tiene chimenea.
The house has a chimney.

---

**la chiva**   CHEE-ba   noun, fem.     goat
La chiva come hierba.
The goat is eating grass.

---

**el chocolate**   cho-ko-LA-te   noun, masc.     chocolate
¡Qué bueno está el chocolate!
The chocolate is good!

---

**el chubasco**   chu-BAS-ko   noun, masc.     shower, storm
En abril hay chubascos.
There are showers in April.

---

**la chuleta**   chu-LE-ta   noun, fem.     chop
Estas chuletas de puerco están deliciosas.
These pork chops are delicious.

  **la chuleta de ternera**   noun, fem.     lamb chop
Hay chuletas de ternera para la comida.
There are lamb chops for dinner.

---

# D

**da lo mismo**   da-lo-MEES-mo   idiomatic   It does not make
                                   expression   any difference
Da lo mismo. Me gustan los dos programas
de televisión.
It doesn't make any difference. I like both
television programs.

---

**dar**   DAR   verb                                  to give

| | |
|---|---|
| Yo doy | Nosotros damos |
| Tú das | (Vosotros dais) |
| Él, Ella, Usted | Ellos, Ellas, Ustedes |

|  | da | dan |
| --- | --- | --- |

Nos dan libros para leer en la biblioteca.
They give us books to read in the library.

---

**de**   DE     preposition                       from, out of

Él llama de su casa.
He calls from his house.

---

**de**   DE     preposition                     of, 's (showing
**(del, de la, de las, de los)**                         ownership

Es la bicicleta de mi vecino.
It is my neighbor's bicycle.

---

**débil**   DE-beel     adjective               weak

Hoy el muchacho está débil.
The boy is weak today.

---

**de buena conducta**     prepositional phrase       well-behaved
de-bue-na-kon-DUK-ta

Son estudiantes de buena conducta.
They are well-behaved students.

---

**decir**   de-SEER     verb                   to say

| Yo digo | Nosotros decimos |
| --- | --- |
| Tú diçes | (Vosotros decís) |
| Él, Ella, Usted | Ellos, Ellas, Ustedes |
| dice | dicen |

Nunca dicen "gracias."
They never say "Thank you."

---

**decorar**   de-ko-RAR     verb              to decorate

| Yo decoro | Nosotros decoramos |
| --- | --- |
| Tú decoras | (Vosotros decoráis) |
| Él, Ella, Usted | Ellos, Ellas, Ustedes |
| decora | decoran |

Nosotros decoramos la casa para Navidad.
We decorate the house for Christmas.

---

---

**el dedo**   DE-do   noun, masc.                        finger
    Ella indica con el dedo.
    She points with her finger.

  **el dedo del pie**      noun, masc.           toe
    Me duele el dedo del pie.
    My toe hurts.

---

**dejar**   de-JAR   verb                              to leave
          Yo dejo                Nosotros dejamos
          Tú dejas               (Vosotros dejáis)
          Él, Ella, Usted        Ellos, Ellas, Ustedes
            deja                   dejan
          El muchacho deja el periódico en frente
            de la casa.
          The boy leaves the newspaper in front
            of the house.

  **dejar de**      verb                  to stop (doing something)
          Yo dejo de comer.
          I stop eating.

---

**de la mañana**   de-la-ma-NYA-na   prepositional    in the
                                      phrase          morning
          Son las seis de la mañana.
          It is six o'clock in the morning.

---

**el delantal**   de-lan-TAL   noun, masc.   apron

El hombre lleva delantal.
The man is wearing an apron.

---

**delicioso**   de-lee-SEEO-so   adjective, masc.   delicious
**deliciosa** (fem.)
     Este almuerzo está delicioso.
     This lunch is delicious.

---

**demasiado**   de-ma-SEEA-do   adjective, masc.   too much
**demasiados** (plural)                  (too many)
     Hay demasiados platos en el armario.
     There are too many plates in the cupboard.

    **demasiado**      adverb                 too much
     El juguete cuesta demasiado.
     The toy costs too much.

---

**de nada**   de-NA-da   idiomatic      You're welcome
                        expression
     Gracias por el regalo. De nada.
     Thanks for the gift. You're welcome.

---

**el dentista**   den-TEES-ta   noun, masc.   dentist
     El dentista cuida los dientes de mi padre.
     The dentist takes care of my father's teeth.

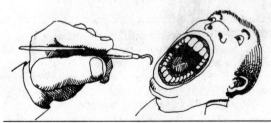

---

**de pie**   de-PYE   adverb               standing
     Ella está de pie.
     She is standing.

---

---

**el deporte**   de-POR-te   noun, masc.   sport, sports
Le gustan mucho los deportes.
He likes sports very much.

---

**de repente**   de-re-PEN-te   adverb   suddenly
De repente, el niño grita.
Suddenly, the child screams.

---

**el desayuno**   de-sa-YU-no   noun, masc.   breakfast
El desayuno en casa es a las siete.
Breakfast at home is at seven.

---

**descansar**   des-kan-SAR   verb   to rest

| | |
|---|---|
| Yo descanso | Nosotros descansamos |
| Tú descansas | (Vosotros descansáis) |
| Él, Ella, Usted descansa | Ellos, Ellas, Ustedes descansan |

¡María nunca descansa!
Mary never rests!

---

**desde luego**   des-de-LUE-go   idiomatic expression   of course
Vas a la fiesta, ¿verdad?
Desde luego.
You're going to the party. Aren't you?
Of course.

---

**el desfile**   des-FEE-le   noun, masc.   parade
Mañana hay un desfile.
Tomorrow there is a parade.

---

**el desierto**   de-SYER-to   noun, masc.   desert
Hay mucha arena en el desierto.
There is a lot of sand in the desert.

---

**despacio**   des-PA-seeo   adverb   slowly
Gloria camina despacio.
Gloria walks slowly.

---

**el despertador**    des-per-ta-DOR    noun, masc.    alarm clock
El despertador suena a las seis.
The alarm clock rings at six.

**después**    des-PUES    adverb       afterwards, after
Después de la cena, vamos al cine.
After dinner, we are going to the movies.

**detener**    de-te-NER    verb        to stop

| | |
|---|---|
| Yo detengo | Nosotros detenemos |
| Tú detienes | (Vosotros detenéis) |
| Él, Ella, Usted detiene | Ellos, Ellas, Ustedes detienen |

El director detiene a los muchachos.
The principal stops the boys.

**detestar**    de-tes-TAR    verb       detest

| | |
|---|---|
| Yo detesto | Nosotros detestamos |
| Tú detestas | (Vosotros detestáis) |
| Él, Ella, Usted detesta | Ellos, Ellas, Ustedes detestan |

Todos detestan los zancudos.
Everyone detests mosquitoes.

**detrás**    de-TRAS    adverb       behind
Yo me siento detrás de Juan.
I sit behind John.

49

---

**devolver**   de-bol-BER      verb              to give back, to return
             Yo devuelvo          Nosotros devolvemos
             Tú devuelves         (Vosotros devolvéis)
             Él, Ella, Usted      Ellos, Ellas, Ustedes
               devuelve             devuelven
             Los alumnos devuelven los libros.
             The students give back the books.

---

**el día**   DEE-a     noun, masc.                 day
             Ellos celebran el Día de Año Nuevo.
             They celebrate New Year's Day.

---

**dibujar**   dee-bu-JAR      verb                   to draw
             Yo dibujo            Nosotros dibujamos
             Tú dibujas           (Vosotros dibujáis)
             Él, Ella, Usted      Ellos, Ellas, Ustedes
               dibuja               dibujan
             Ellos dibujan en la pizarra.
             They draw on the blackboard.

---

**el diccionario**   deek-seeo-NA-ree'o    noun, masc. dictionary
             Buscamos las palabras en el diccionario.
             We look for the words in the dictionary.

---

**diecinueve**   dye-see-NUE-be    adjective           nineteen
             Hay diecinueve huevos en el refrigerador.
             There are nineteen eggs in the refrigerator.

---

---

**dieciocho**    dye-see-O-cho    adjective        eighteen
Ocho y diez son dieciocho.
Eight and ten are eighteen.

---

**dieciséis**    dye-see-SAYS    adjective        sixteen
Hay dieciséis dulces en la caja.
There are sixteen candies in the box.

---

**diecisiete**    dye-see-SYE-te    adjective        seventeen
Yo tengo diecisiete primos.
I have seventeen cousins.

---

**el diente**    DYEN-te    noun, masc.        tooth
Le duele el diente.
He has a tooth ache.

  **los dientes**            noun, masc.        teeth
Tiene dientes bonitos.
She has pretty teeth.

---

**diez**    DYES    adjective        ten
Nosotros tenemos diez libros.
We have ten books.

---

**diferente**    dee-fe-REN-te    adjective        different
Es una historia diferente.
It is a different story.

---

**difícil**    dee-FEE-seel    adjective        difficult
Si estudias, no es difícil.
If you study, it is not difficult.

---

**el dinero**    dee-NE-ro    noun, masc.        money
El muchacho tiene su dinero listo.
The boy has his money ready.

---

**la dirección**    dee-rek-SEEON    noun, masc.        address

¿Cuál es la dirección de la casa?
What is the address of the house?

---

**dirigir**   dee-ree-JEER   verb                    to direct
              Yo dirijo              Nosotros dirigimos
              Tú diriges            (Vosotros dirigís)
              Él, Ella, Usted      Ellos, Ellas, Ustedes
                dirige                 dirigen
              El señor Almeida dirige a los músicos.
              Mr. Almeida directs the musicians.

---

**el disco**   DEES-ko   noun, masc.        record
              Me gusta el disco de Guillermo.
              I like William's record.

---

**disgustado**   dees-gus-TA-do   adjective, masc.   displeased
   **disgustada**   (fem.)

              La señora está disgustada con el perro.
              The lady is displeased with the dog.

---

**dispénseme usted**   dees-PEN-se-me   idiomatic      excuse
   **dispénsenme ustedes**   (plural)        expression        me
              Dispénseme, por favor. Tengo que salir.
              Excuse me, please. I have to leave.

---

**divertido**   dee-ber-TEE-do   adjective, masc.      amusing
   **divertida**   (fem.)
              Es un juego muy divertido.
              It is an amusing game.

---

**divertirse**   dee-ber-TEER-se    verb     to have a good time

| | |
|---|---|
| Yo me divierto | Nosotros nos divertimos |
| Tú te diviertes | (Vosotros os divertís) |
| Él, Ella, Usted | Ellos, Ellas, Ustedes |
| se divierte | se divierten |

Ellos siempre se divierten en la playa.
They always have a good time at the beach.

**doblar**   do-BLAR    verb        to turn

| | |
|---|---|
| Yo doblo | Nosotros doblamos |
| Tú doblas | (Vosotros dobláis) |
| Él, Ella, Usted | Ellos, Ellas, Ustedes |
| dobla | doblan |

El coche dobla a la izquierda
The car turns left.

---

**doce**   DO-se    adjective        twelve
Mi hermana tiene doce discos.
My sister has twelve records.

---

**la docena**   do-SE-na    noun, fem.     dozen
María compra una docena de naranjas.
Mary buys a dozen oranges.

---

**el doctor**   dok-TOR    noun, masc.     doctor
El doctor está en el hospital.
The doctor is at the hospital.

---

---

**el dólar**  DO-lar  noun, masc.  dollar
Cuesta un dólar.
It costs a dollar.

---

**el dolor**  do-LOR  noun, masc.  ache, pain

**el dolor de estómago**  noun, masc.  stomach ache
do-LOR-de-es-TO-ma-go
Él tiene dolor de estómago.
He has a stomach ache.

---

**el dominó**  do-mee-NO  noun, masc.  dominoes
Vamos a jugar al dominó.
Let's play dominoes.

---

**dónde**  DON-de  adverb  where
¿Dónde está mi libro de inglés?
Where is my English book?

---

**dormir**  dor-MEER  verb  to sleep
Yo duermo  Nosotros dormimos
Tú duermes  (Vosotros dormís)
Él, Ella, Usted  Ellos, Ellas, Ustedes
duerme  duermen
El bebé duerme.
The baby is sleeping.

---

**dos**  DOS  adjective  two
Yo tengo dos hermanos.
I have two brothers.

**dos veces**  expression  twice

---

**dulce**  DUL-se  adjective  sweet
El pastel está muy dulce.
The pie is very sweet.

**el dulce**  DUL-se  noun  candy
¿Quieres un dulce de chocolate?

Would you like a chocolate candy?

---

**durante**   du-RAN-te   preposition   during
Él va a México durante las vacaciones.
He is going to Mexico during vacation.

---

**el durazno**   du-RAZ-no   noun, masc.   peach
El durazno es delicioso.
The peach is delicious.

---

**duro**   DU-ro   adjective, masc.   hard
**dura**   (fem.)
La cama es dura.
The bed is hard.

# E

---

**la edad**   e-DAD   noun, fem.   age
¿Cuál es la edad del señor?
What is the man's age?

---

**el edificio**   e-dee-FEE-seeo   noun, masc.   building
La oficina está en ese edificio.
The office is in that building.

---

**el ejército**   e-JER-see-to   noun, masc.   army
Guillermo está en el ejército de los
Estados Unidos.
William is in the United States Army.

---

**los ejotes**   e-JO-tes   noun, masc.   string beans
Mamá sirve ejotes (habichuelas) con papas.
Mom serves string beans with potatoes.

---

**él**   EL   pronoun   he
Ella y él van a la iglesia cerca de la casa.
She and he go to the church near home.

---

---

**el**   EL   article                   the

El sofá está en la sala.
The sofa is in the living room.

---

**el que**   EL-KE   idiomatic       the one that,
                   expression         the one who

Juan es el que no va.
John is the one who is not going.

---

**ellos**   E-lyos, E-yos   pronoun, masc.      they
  **ellas**   (fem.)

Ellos brincan y bailan.
They jump and dance.

**ellos mismos**   pronoun        they themselves
Ellos mismos hacen el trabajo.
They themselves do the work.

---

**el emparedado**   em-pa-re-DA-do   noun, masc.   sandwich
¿Le gusta un emparedado de queso?
Do you like a cheese sandwich?

---

**empujar**   em-pu-JAR   verb           to push
Yo empujo             Nosotros empujamos
Tú empujas           (Vosotros empujáis)
Él, Ella, Usted       Ellos, Ellas, Ustedes
    empuja              empujan

El hombre trata de empujar el piano.
The man tries to push the piano.

---

---

**enero**   e-NE-ro   noun, masc.          January

> Hace mucho frío en enero.
> It is very cold in January.

---

**la enfermera**   en-fer-ME-ra   noun, fem.          nurse

> La enfermera ayuda al médico.
> The nurse helps the doctor.

---

**enfermo**   en-FER-mo   adjective, masc.          ill, sick
**enferma**   (fem.)

> Él nunca está enfermo.
> He is never ill.

---

**enfrente de**   en-FREN-te-de   adverbial          in front of
                                   phrase

> La iglesia está enfrente de la escuela.
> The church is in front of the school.

---

**en forma de**          prepositional     in the form of,
   en-la-FOR-ma-de   phrase                in the shape of

> Tiene una alcancía en forma de un puerco.
> She has a bank in the form of a pig.

---

**en medio de**   en-ME-deeo-de   prepositional   in the
                                   phrase          middle of

> Ella baila en medio de un grupo.
> She dances in the middle of a group.

---

**enojado**   e-no-JA-do   adjective, masc.          angry
**enojada**   (fem.)

> Mi padre está enojado conmigo.
> My father is angry at me.

---

**la ensalada**   en-sa-LA-da   noun, fem.     salad

La familia come ensalada de lechuga y tomate.
The family eats lettuce and tomato salad.

---

**en seguida**　en-se-GEE-da　adverb　　　right away
　　　　Lo hago en seguida.
　　　　I'll do it right away.

---

**enseñar**　en-se-NYAR　verb　　　　to teach
　　　　Yo enseño　　　　Nosotros enseñamos
　　　　Tú enseñas　　　　(Vosotros enseñáis)
　　　　Él, Ella, Usted　　Ellos, Ellas, Ustedes
　　　　enseña　　　　　enseñan
　　　　El profesor enseña a los alumnos.
　　　　The teacher teaches the pupils.

---

**entender**　en-ten-DER　verb　　　　to understand
　　　　Yo entiendo　　　　Nosotros entendemos
　　　　Tú entiendes　　　　(Vosotros entendéis)
　　　　Él, Ella, Usted　　Ellos, Ellas, Ustedes
　　　　entiende　　　　　entienden
　　　　En los Estados Unidos hay muchas personas
　　　　　que entienden español.
　　　　There are many persons in the United States
　　　　　who understand Spanish.

---

**entero**　en-TE-ro　adjective, masc.　　entire, whole
**entera**　(fem.)
　　　　Se come el tomate entero.
　　　　He eats the whole tomato.

---

---

**en todas partes**   en-to-das-PAR-tes   adverb   everywhere

>¿En todas partes hay Coca Cola?
>Is Coca Cola everywhere?

---

**entonces**   en-TON-ses   adverb   then

>Hasta entonces, no vamos a la playa.
>Until then we will not go to the beach.

---

**entrar**   en-TRAR   verb                   to enter

| | |
|---|---|
| Yo entro | Nosotros entramos |
| Tú entras | (Vosotros entráis) |
| Él, Ella, Usted | Ellos, Ellas, Ustedes |
| entra | entran |

>A veces los muchachos entran tarde en la clase.
>Sometimes the boys enter class late.

---

**entre**   EN-tre   preposition                   between

>La carne está entre dos pedazos de pan.
>The meat is between two pieces of bread.

---

**en voz alta**   en-bo-SAL-ta   adverb   aloud, in a loud voice

>Leemos en voz alta algunas veces.
>We read aloud sometimes.

---

**el error**   e-RROR   noun, masc.                   error

>Hay un error en este papel.
>There is an error in this paper.

---

**la escalera**   es-ka-LE-ra   noun, fem.   staircase

>Hay que subir al segundo piso por la escalera.
>You have to go up to the second floor by the
>staircase.

---

**la escoba**   es-KO-ba   noun, fem.   broom

59

Ella barre con una escoba.
She sweeps with a broom.

---

**escoger**   es-ko-JER   verb          to pick, to choose
       Yo escojo            Nosotros escogemos
       Tú escoges          (Vosotros esocgéis)
       Él, Ella, Usted      Ellos, Ellas, Ustedes
         escoge            escogen
       Los niños escogen a Raúl como jefe del grupo.
       The children choose Raúl as leader of the group.

---

**esconder**   es-kon-DER   verb          to hide
       Yo escondo         Nosotros escondemos
       Tú escondes        (Vosotros escondéis)
       Él, Ella, Usted      Ellos, Ellas, Ustedes
         esconde          esconden
       Ellos esconden las cartas.
       They hide the cards.

---

**escribir**   es-kree-BEER   verb         to write
       Yo escribo         Nosotros escribimos
       Tú escribes        (Vosotros escribís)
       Él, Ella, Usted      Ellos, Ellas, Ustedes
         escribe          escriben
       Juan le escribe una carte a María.
       John writes Mary a letter.

---

**el escritorio**   es-kree-TO-reeo   noun, masc.     desk
       El libro está en el escritorio.

The book is on the desk.

---

**escuchar**   es-ku-CHAR    verb        to listen

     Yo escucho          Nosotros escuchamos
     Tú escuchas         (Vosotros escucháis)
     Él, Ella, Usted      Ellos, Ellas, Ustedes
       escucha           escuchan
     Los maestros siempre dicen que hay que
       escuchar.
     The teachers always say that we must listen.

---

**la escuela**   es-KUE-la    noun, fem.    school
     Estudiamos y nos divertimos en la escuela.
     We study and have fun in school.

---

**ése**   E-se    pronoun        that one
     Ése es de mi primo.
     That one is my cousin's.

---

**ese**   E-se    adjective, masc.    that
   **esa**   (fem.)

     Ese impermeable es nuevo.
     That raincoat is new.

---

**la espalda**   es-PAL-da    noun, fem.    back
     Me duele la espalda.
     My back hurts.

---

**espantoso**   es-pan-TO-so    adjective, masc.    frightening

**espantosa** (fem.)
> Ése es un cuento espantoso.
> That is a frightening tale.

---

**especialmente** es-pe-syal-MEN-te   adverb        especially
> Me gusta la fruta, especialmente las naranjas.
> I like fruit, especially oranges.

---

**el espejo** es-PE-jo   noun, masc.        mirror
> La muchacha se mira en el espejo.
> The girl looks at herself in the mirror.

---

**esperar** es-pe-RAR   verb          to wait, to expect

| | |
|---|---|
| Yo espero | Nosotros esperamos |
| Tú esperas | (Vosotros esperáis) |
| Él, Ella, Usted | Ellos, Ellas, Ustedes |
| espera | esperan |

> Silvia espera a Carlos.
> Sylvia waits for Charles.

---

**las espinacas** es-pee-NA-kas   noun, fem.        spinach
> Sirven carne con papas y espinacas.
> They serve meat with potatoes and spinach.

---

**la esposa** es-PO-sa   noun, fem.        wife
> Carmen es la esposa del doctor Ortiz.
> Carmen is Dr. Ortiz's wife.

---

**el esposo** es-PO-so   noun, masc.        husband
> El esposo de la señora Rodríguez es licenciado.
> Mrs. Rodriguez's husband is a lawyer.

---

**la estación** es-ta-SEEON   noun, fem.        season
> Mi estación favorita es el verano.
> My favorite season is summer.

**la estación de tren**   noun, fem.        train station
> Esperan a su tío en la estación de tren.
> They wait for their uncle in the train station.

---

**estacionar**   es-ta-seeo-NAR      verb          to park
      Yo estaciono              Nosotros estacionamos
      Tú estacionas             (Vosotros estacionáis)
      Él, Ella, Usted            Ellos, Ellas, Ustedes
        estaciona                  estacionan
      El chofer estaciona el coche.
      The chaffeur parks the car.

**el estado**   es-TA-do    noun, masc.         state
      Nosotros vivimos en el estado de Colorado.
      We live in the state of Colorado.

**estar**   es-TAR       verb                    to be
      Yo estoy                  Nosotros estamos
      Tú estás                  (Vosotros estáis)
      Él, Ella, Usted            Ellos, Ellas, Ustedes
        está                       están
      Estamos en la Argentina para las vacaciones.
      We are in Argentina for vacation.

  **estar equivocado**            verb       to be wrong
      es-TAR-e-kee-bo-KA-do
      Yo estoy equivocado.
      I am wrong.

**el este**   ES-te    adverb; adjective; noun, masc.      east
      Para ir de Texas a Nueva York, se viaja al este.
      To go from Texas to New York, you travel east.

**éste**   ES-te    pronoun, masc.              this one
  **ésta**   (fem.)
      Éste es azul oscuro.
      This one is dark blue.

**este**   ES-te    adjective, masc.            this
  **esta**   (fem.)
      Este auto es negro.
      This auto is black.

**estirar**   es-tee-RAR   verb           to pull
    Yo estiro           Nosotros estiramos
    Tú estiras          (Vosotros estiráis)
    Él, Ella, Usted     Ellos, Ellas, Ustedes
      estira           estiran
    Él estira las cintas de los zapatos.
    He pulls the shoe laces.

---

**esto**   ES-to   pronoun                  this
    No entiendo esto
    I don't understand this.

---

**estornudar**   es-tor-nu-DAR   verb     to sneeze
    Yo estornudo        Nosotros estornudamos
    Tú estornudas       (Vosotros estornudáis)
    Él, Ella, Usted     Ellos, Ellas, Ustedes
      estornuda        estornudan
    Cuando tengo resfriado, estornudo
      muchas veces.
    When I have a cold, I sneeze many times.

---

**la estrella**   es-TRE-lya, es-TRE-ya   noun, fem.   star
    ¡Ay! Mira las estrellas en el cielo.
    Oh! Look at the stars in the sky.

---

**el estudiante**   es-tu-DEEAN-te   noun, masc.   student
**la estudiante**   (fem.)
    El estudiante lee su libro.
    The student reads his book.

---

---

**estudiar**　es-tu-DEEAR　verb　　　　to study

Yo estudio　　　　　Nosotros estudiamos
Tú estudias　　　　　(Vosotros estudiáis)
Él, Ella, Usted　　　Ellos, Ellas, Ustedes
　estudia　　　　　　　estudian

A veces estudiamos en la biblioteca.
Sometimes we study in the library.

---

**la estufa**　es-TU-fa　noun, fem.　　　stove

La carne está en la estufa.
The meat is on the stove.

---

**estúpido**　es-TU-pee-do　adjective, masc.　　stupid
**estúpida**　(fem.)

¡No! Yo no soy estúpido.
No! I'm not stupid.

---

**el examen**　ek-SA-men　noun, masc.　test, examination

Los estudiantes tienen examen de ciencia.
The students have a science exam.

---

**excelente**　ek-se-LEN-te　adjective　　　excellent

La niña prepara una comida excelente.
The girl prepares an excellent meal.

---

**explicar**　es-plee-KAR　verb　　　　to explain

Yo explico　　　　　Nosotros explicamos
Tú explicas　　　　　(Vosotros explicáis)
Él, Ella, Usted　　　Ellos, Ellas, Ustedes
　explica　　　　　　　explican

La profesora explica la lección.
The teacher explains the lesson.

---

**extraño**　es-TRA-nyo　adjective, masc.　　strange
**extraña**　(fem.)

Es una persona muy extraña.
He is a strange person.

---

---

**el extranjero**   es-tran-JE-ro    noun, masc.      foreigner, stranger

> Aquí mi tío es un extranjero.
> My uncle is a stranger here.

---

**extraordinario**     adjective, masc.      extraordinary
es-tra-or-dee-NA-reeo
**extraordinaria** (fem.)

> Es una película extraordinaria.
> It is an extraordinary movie.

---

# F

---

**la fábrica**   FA-bree-ka    noun, fem.     factory

> Hay muchas máquinas en esa fábrica.
> There are many machines in that factory.

---

**fácil**   FA-seel    adjective          easy

> Cuando estudio, la lección es fácil.
> The lesson is easy when I study.

---

**la falda**   FAL-da    noun, fem.       skirt

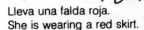

> Lleva una falda roja.
> She is wearing a red skirt.

---

**falso**   FAL-so    adjective, masc.      false, fake
**falsa** (fem.)

> La joya es falsa.
> The jewel is false.

---

**la familia**   fa-MEE-leea     noun, fem.     family
> En la familia de los García hay dos niños y
> dos niñas.
> In the García family there are two boys and
> two girls.

---

**famoso**   fa-MO-so     adjective, masc.     famous
  **famosa**   (fem.)
> Los museos de la Ciudad de México son famosos.
> The Mexico City museums are famous.

---

**la farmacia**   far-MA-seea     noun, fem.     pharmacy
> Vamos a la farmacia por la medicina.
> We go to the pharmacy for the medicine.

---

**favorito**   fa-bo-REE-to     adjective, masc.     favorite
  **favorita**   (fem.)
> Mi color favorito es el amarillo.
> My favorite color is yellow.

---

**febrero**   fe-BRE-ro     noun, masc.     February
> El cumpleaños de Jorge Washington es el
> veintidós de febrero.
> George Washington's birthday is February
> twenty-second.

---

**feliz**   fe-LEES     adjective     happy
  **felices**   (plural)
> Los niños son felices porque no hay clases en
> el verano.
> The children are happy because there are no
> classes in summer.

---

**¡Feliz cumpleaños!**     idiomatic     Happy Birthday!
  fe-LEES-kum-ple-A-nyos   expression

---

---

**la feria**    FE-reea    noun, fem.         fair
> Siempre hay cosas interesantes en la feria.
> There are always many interesting things
>    at the fair.

---

**feroz**    fe-ROS    adjective         ferocious, fierce
> El tigre es un animal feroz.
> The tiger is a fierce animal.

---

**el ferrocarril**    fe-rro-ka-RREEL    noun, masc.      railroad
> ¿Dónde está el ferrocarril?
> Where is the railroad?

---

**la fiebre**    FYE-bre    noun, fem.         fever
> Tiene una fiebre alta.
> He has a high fever.

---

**la fiesta**    FYES-ta    noun, fem.         party
> Vamos a tener una fiesta en la playa.
> We are going to have a party on the beach.

---

**fijar**    fee-JAR    verb              to set

| | |
|---|---|
| Yo fijo | Nosotros fijamos |
| Tú fijas | (Vosotros fijáis) |
| Él, Ella, Usted | Ellos, Ellas, Ustedes |
|    fija |    fijan |

> Papá tiene que fijar la lámpara en esa mesa.
> Dad has to set the lamp on that table.

---

**la fila**    FEE-la    noun, fem.         row
> Ella se sienta en la primera fila.
> She sits in the first row.

---

**el fin**    FEEN    noun, masc.         end
> Éste es el fin de la historia.
> This is the end of the story.

---

---

**la flor**    FLOR     noun, fem.          flower
La rosa es una flor hermosa.
The rose is a beautiful flower.

---

**el fonógrafo**   fo-NO-gra-fo    noun, masc.     phonograph
Yo uso el fonógrafo de mis padres para tocar
     discos.
I use my parents' phonograph to play records.

---

**la fotografía**   fo-to-gra-FEE-a    noun, fem.     photograph
Hay una fotografía de mi hermano en la sala.
There is a photograph of my brother in the
     living room.

---

**francés**    fran-SES    adjective         French
Nos gusta mucho el pan francés.
We like French bread a lot.

---

**frecuentemente**   fre-kuen-te-MEN-te    adverb    frequently
Frecuentemente, paseamos en coche.
We take a car ride frequently.

---

**la fresa**    FRE-sa    noun, fem.        strawberry
Me gusta un postre de fresa.
I like a strawberry dessert.

---

**fresco**   FRES-ko    adjective, masc.     fresh
**fresca**   (fem.)
Hay legumbres frescas en la tienda.
There are fresh vegetables in the store.

---

**frío**   FREE-o    adjective, masc.       cold
**fría**   (fem.)
El café está frío.
The coffee is cold.

---

**el fuego**    FUE-go    noun, masc.       fire

Hay fuego en la chimenea.
There is fire in the fireplace.

---

**fuerte**   FUER-te   adjective          strong
Gustavo es muy fuerte
Gus is very strong.

---

**fuerte**   FUER-te   adverb          loud, loudly
El policía habla fuerte.
The policeman speaks loudly.

---

**fumar**   fu-MAR   verb          to smoke

| | |
|---|---|
| Yo fumo | Nosotros fumamos |
| Tú fumas | (Vosotros fumáis) |
| Él, Ella, Usted | Ellos, Ellas, Ustedes |
| fuma | fuman |

Nosotros no fumamos.
We do not smoke.

---

**el futuro**   fu-TU-ro   noun, masc.          future
¿En el futuro, van a vivir en la luna?
In the future are they going to live on the moon?

---

# G

---

**la galleta**   ga-LYE-ta, ga-YE-ta   noun, fem.          cracker, cookie

Voy a tomar sopa y galletas.
I am going to have soup and crackers.

---

---

| **la galletita** | noun, fem. | cookie |
|---|---|---|

ga-lye-TEE-ta, ga-ye-TEE-ta

**la galletica**   ga-lye-TEE-ka, ga-ye-TEE-ka

Nos gustan mucho las galletitas de chocolate.
We like chocolate cookies a lot.

---

**la gallina**   ga-LYEE-na, ga-YEE-na   noun, fem.   chicken

La gallina pone los huevos.
The chicken lays eggs.

---

**ganar**   ga-NAR   verb                 to earn, to win

| Yo gano | Nosotros ganamos |
|---|---|
| Tú ganas | (Vosotros ganáis) |
| Él, Ella, Usted | Ellos, Ellas, Ustedes |
| gana | ganan |

Nuestro equipo siempre gana.
Our team always wins.

---

**la garganta**   gar-GAN-ta   noun, fem.   throat

Le duele la garganta.
His throat hurts him.

---

**el gas**   GAS   noun, masc.       gas

La señora cocina en una estufa de gas.
The lady cooks on a gas stove.

---

**la gasolina**   ga-so-LEE-na   noun, fem.   gasoline

El coche necesita gasolina.
The car needs gasoline.

---

**el gatito**   ga-TEE-to   noun, masc.   kitten

Rafael es mi gatito consentido.
Ralph is my pet kitten.

---

71

**el gato**   GA-to     noun, masc.         cat
El gato pelea con el perro.
The cat fights with the dog.

**generoso**   je-ne-RO-so   adjective, masc.    kind, generous
**generosa**  (fem.)
Mi abuelita es muy generosa.
My grandmother is very generous.

**la gente**   JEN-te     noun, fem.         people
La gente quiere ver al presidente.
The people want to see the president.

**la geografía**   je-o-gra-FEE-a   noun, fem.     geography
En la clase de geografía estudiamos los mapas
de los países diferentes.
In geography class we study maps of different
countries.

**el gigante**   jee-GAN-te   noun, masc.     giant
En el cuento el gigante se come a la gente.
In the story the giant eats people.

**el golpe**   GOL-pe   noun, masc.      blow, knock
El señor le da un golpe al ladrón.
The man gives the thief a blow.

**gordo**   GOR-do   adjective, masc.     fat

**gorda**  (fem.)

> ¡Qué hombre tan gordo!
> What a fat man!

---

**la grabadora**    gra-ba-DO-ra    noun, fem.    tape recorder

> Enrique usa su grabadora.
> Henry uses his tape recorder.

---

**¡Gracias!**    GRA-seeas    interjection    Thanks! Thank you!

> Muchas gracias por el regalo.
> Thank you for the gift.

---

**gracioso**   gra-SEEO-so    adjective, masc.    cute, amusing
   **graciosa**   (fem.)

> El niño es gracioso.
> The boy is cute.

---

**gran**    GRAN    adjective          great

> El cuatro de julio hay una gran fiesta.
> There is a great celebration on the fourth of July.

---

**grande**    GRAN-de    adjective         large

> La casa es muy grande.
> The house is very large.

---

**la granja**    GRAN-ja    noun, fem.       farm

> Hay muchas plantas en la granja.
> There are many plants on the farm.

---

---

**gris**   GREES   adjective                          gray
El traje es gris.
The suit is gray.

---

**gritar**   gree-TAR   verb                    scream, shout
Yo grito                Nosotros gritamos
Tú gritas               (Vosotros gritáis)
Él, Ella, Usted         Ellos, Ellas, Ustedes
   grita                   gritan

El muchacho grita cuando quiere algo.
The boy shouts when he wants something.

---

**grueso**   GRUE-so   adjective, masc.        thick
  **gruesa**   (fem.)
El cuaderno de Jorge es grueso.
George's notebook is thick.

---

**el guajolote**   gua-jo-LO-te   noun, masc.        turkey
El guajolote es gris y negro.
The turkey is gray and black.

---

**los guantes**   GUAN-tes   noun, masc.        gloves
Llevamos guantes cuando hace frío.
We wear gloves when it is cold.

---

**guapo**   GUA-po   adjective, masc.        handsome,
  **guapa**   (fem.)                           good looking
Mi papá es muy guapo.
My father is very good looking.

---

**guardar**   guar-DAR   verb              to store, to keep
Yo guardo               Nosotros guardamos
Tú guardas              (Vosotros guardáis)
Él, Ella, Usted         Ellos, Ellas, Ustedes
   guarda                  guardan

Nosotros guardamos el dinero en el banco.
We keep our money in the bank.

---

**la guerra**   GE-rra   noun, fem.          war
En una guerra mueren muchas personas.
Many people die in a war.

---

**el gusano**   gu-SA-no   noun, masc.          worm
Hay gusanos en la basura.
There are worms in the trash.

---

**gustar(le) algo**   gus-TAR   verb          to like something
me gusta            nos gusta
 (me gustan)         (nos gustan)
te gusta            (os gusta)
 (te gustan)         (os gustan)
le gusta            les gusta
 (le gustan)         (les gustan)
A ellos les gusta caminar en el jardín.
They like to walk in the garden.

## H

---

**hablar**   a-BLAR   verb          to speak
Yo hablo            Nosotros hablamos
Tú hablas           (Vosotros habláis)
Él, Ella, Usted      Ellos, Ellas, Ustedes
 habla               hablan

Los estudiantes hablan inglés y español.
The students speak English and Spanish.

---

**hace**   A-se          idiomatic   It (the weather) is . . .
                         expression
Hace frío en el invierno.
It is cold in winter.

**Hace sol.**    A-se-SOL   idiomatic    It is sunny.
                             expression

| | | | |
|---|---|---|---|
| **hacer** | a-SER  verb | | to do, to make |

**hacer**    a-SER   verb                     to do, to make

        Yo hago              Nosotros hacemos
        Tú haces            (Vosotros hacéis)
        Él, Ella, Usted     Ellos, Ellas, Ustedes
          hace                  hacen
        Ella quiere hacer un vestido.
        She wants to make a dress.

**hacer un paseo al campo**    verb    to have a picnic

        En junio hacen un paseo al campo.
        In June they have a picnic.

**hacer un viaje**    verb            to take a trip

        Queremos hacer un viaje a San Juan, Puerto Rico.
        We want to take a trip to San Juan, Puerto Rico.

**hacia**    A-seea   adverb           towards
        El avión viaja hacia el mar.
        The plane is traveling toward the sea.

**el hada**    A-da   noun, fem.       fairy
        El hada del cuento tiene el pelo rubio.
        The fairy in the story has blond hair.

---

**hasta**  AS-ta  adverb                    until
          Vamos a nadar desde las dos hasta las tres.

          We are going to swim from two until three.

---

**hay**  AEE  idiomatic              there is, there are
              expression
              ¿Qué hay de nuevo?
              What is new?

              Hay una flor en el jardín.
              There is a flower in the garden.

   **hay que**  idiomatic              you have to, you must
                expression
                Hay que leer el periódico.
                You must read the newspaper.

---

**el helado**  e-LA-do  noun, masc.        ice cream
               ¿Te gusta el helado?
               Do you like ice cream?

   **el helado**  e-LA-do  noun, masc.        ice cream
   **(de chocolate)**                          (chocolate)
               Mi postre favorito es el helado de chocolate.
               My favorite dessert is chocolate ice cream.

---

**el helicóptero**  e-lee-KOP-te-ro  noun, masc.   helicopter
               Vamos en helicóptero al aeropuerto.
               We are going to the airport by helicopter.

---

**el heno**  E-no  noun, masc.              hay
             El heno es para los caballos.
             Hay is for horses.

---

**la hermana**  er-MA-na  noun, fem.        sister
               Anita es la hermana de Roberto.
               Anita is Robert's sister.

---

---

**el hermano**   er-MA-no   noun, masc.      brother
Mi hermano es amigo de Enrique.
My brother is Henry's friend.

---

**el hielo**   YE-lo   noun, masc.      ice
Ellos patinan en el hielo.
They skate on the ice.

---

**la hija**   EE-ja   noun, fem.      daughter
La señora Sánchez tiene cuatro hijas.
Mrs. Sánchez has four daughters.

---

**el hijo**   EE-jo   noun, masc.      son
El hijo de la señora Treviño juega al golf.
Mrs. Treviño's son plays golf.

---

**la hoja**   O-ja   noun, fem.      leaf

En otoño las hojas caen de los árboles.
In the fall the leaves fall from the trees.

**la hoja de papel**   noun, fem.      sheet of paper
Saquen una hoja de papel.
Take out a sheet of paper.

---

¡**Hola**!   O-la   interjection      Hello! Hi!
Hola, Conchita. ¿Cómo estás?
Hi, Conchita. How are you?

---

**el hombre**   OM-bre  noun, masc.      man
Mi padrino es un hombre muy alto.
My godfather is a very tall man.

  **el hombre (hecho)**  noun, masc.   snowman
  **de nieve**
          Vamos a hacer un hombre de nieve.
          Let's make a snowman.

---

**el hombro**   OM-bro  noun, masc.   shoulder
Lleva un saco en el hombro.
He is carrying a coat (jacket) on his shoulder.

---

**hondo**   ON-do  adjective, masc.   deep
**honda**  (fem.)
      Es un lago muy hondo.
      It is a very deep lake.

---

**la hora**   O-ra  noun, fem.      time, hour
¿Qué hora es?
What time is it?

  **la hora del almuerzo**  noun, fem.   lunchtime
  ¿Es la hora del almuerzo? Tengo hambre.
  Is it lunchtime? I'm hungry.

---

**la hormiga**   or-MEE-ga  noun, fem.   ant
Esa hormiga es grande y roja.
That ant is big and red.

---

**hoy**   OEE  adverb  noun     today
Hoy es el cinco de septiembre.
Today is September fifth.

---

**húmedo**   U-me-do  adjective, masc.   humid, damp,
**húmeda**  (fem.)               moist
      La toalla está húmeda.
      The towel is damp.

---

# I

**la idea**   ee-DE-a   noun, fem.       idea
Es una buena idea. Vamos al cine.
It's a good idea. Let's go to the movies.

**la iglesia**   ee-GLE-seea   noun, fem.   church
Los domingos ellos van a la iglesia.
Sundays they go to church.

**igual**   ee-GUAL   adjective       equal
Dos y dos es igual a cuatro.
Two and two is equal to four.

**impar**   eem-PAR   adjective       odd (number)
Es un número impar.
It is an odd number.

**el impermeable**   eem-per-me-A-ble   noun, masc.   raincoat
Su impermeable es amarillo.
His raincoat is yellow.

**importante**   eem-por-TAN-te   adjective   important
Una persona importante viene a visitar la ciudad.
An important person is coming to visit the city.

**imposible**   eem-po-SEE-ble   adjective   impossible
Es imposible cruzar la calle a pie.
It's impossible to cross the street on foot.

**indicar**   een-dee-KAR   verb       to show, indicate,
                                           point

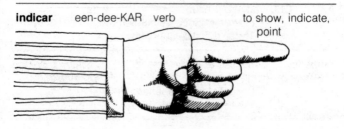

Yo indico             Nosotros indicamos
Tú indicas            (Vosotros indicáis)
Él, Ella, Usted       Ellos, Ellas, Ustedes
  indica                indican
El termómetro indica la temperatura.
The thermometer indicates the temperature.

---

**infeliz**     een-fe-LEES  adjective              unhappy
          La historia tiene un fin infeliz (triste).
          The story has an unhappy ending.

---

**el ingeniero**   een-je-NYE-ro  noun, masc.       engineer
          El ingeniero y los trabajadores construyen
            un puente.
          The engineer and the workers construct a bridge.

---

**inglés**   een-GLES  adjective, masc.             English
  **inglesa**   (fem.)
          Nuestro profesor es inglés.
          Our teacher is English.

---

**inmediatamente**       adverb             immediately
          een-me-deea-ta-MEN-te
          Vamos inmediatamente al hospital.
          Let's go to the hospital immediately.

---

**el insecto**   een-SEK-to  noun, masc.           insect
          Ese insecto vive en los árboles.
          That insect lives in trees.

---

**inteligente**   een-te-lee-JEN-te  adjective      intelligent
          Mi mamá es muy inteligente.
          My mother is very intelligent.

---

**interesante**   een-te-re-SAN-te  adjective       interesting
          Esa película es muy interesante.
          That movie is very interesting.

---

---

**el invierno**    eem-BYER-no   noun, masc.      winter
             Hace frío en el invierno.
             It is cold in winter.

---

**invitar**    eem-bee-TAR   verb          to invite
             Yo invito           Nosotros invitamos
             Tú invitas         (Vosotros invitáis)
             Él, Ella, Usted     Ellos, Ellas, Ustedes
                invita               invitan
             Ellos invitan a sus amigos a la fiesta.
             They invite their friends to the party.

---

**ir**    EER   verb                    to go
             Yo voy             Nosotros vamos
             Tú vas             (Vosotros vais)
             Él, Ella, Usted     Ellos, Ellas, Ustedes
                va                  van
             Voy a la casa de mi vecino.
             I am going to my neighbor's house.

   **ir a trabajar**                   to go to work
             Nadie quiere ir a trabajar hoy.
             No one wants to go to work today.

   **ir de compras**                 to go shopping
             Las mujeres siempre quieren ir de compras.
             Women always want to go shopping.

---

**la isla**    EES-la   noun, fem.        island
             Los turistas visitan la isla.
             The tourists visit the island.

---

**izquierdo**    ees-KYER-do   adjective, masc.    left
**izquierda**    (fem.)
             Le duele el brazo izquierdo.
             His left arm hurts.

   **a la izquierda**        idiomatic        to the left
                     expression

---

## J

**el jamón**     ja-MON   noun, masc.         ham
Yo quiero un sandwich de jamón, por favor.
I would like a ham sandwich, please.

**el jardín**     jar-DEEN   noun, masc.       garden
Hay muchas flores en el jardín.
There are many flowers in the garden.

**el jefe**     JE-fe   noun, masc.         leader
El jefe del grupo es mi primo Guillermo.
The leader of the group is my cousin William.

**la joya**     JO-ya   noun, fem.          jewel
Ese anillo tiene una joya preciosa.
That ring has a precious jewel.

**la joyería**     jo-ye-REE-a   noun, fem.    jewelry shop
Hay joyas preciosas en la joyería.
There are precious jewels in the jewelry shop.

**el juego**     JUE-go   noun, masc.        game
¿Conoces el juego de la gallina ciega?
Do you know the game of Blindman's Buff?

**el juego de mesa**     noun, masc.      setting (table)
El juego de mesa está completo.
The table setting is complete.

**jugar**  ju-GAR  verb  to play (game)
Yo juego  Nosotros jugamos
Tú juegas  (Vosotros jugáis)
Él, Ella, Usted  Ellos, Ellas, Ustedes
  juega  juegan
Yo juego al béisbol todos los días.
I play baseball everyday.

**jugar al ajedrez**  verb  to play chess
Los muchachos juegan al ajedrez.
The boys are playing chess.

**jugar a la baraja**  verb  to play cards
**jugar a los naipes**
Mi papá y sus amigos juegan baraja.
My dad and his friends play cards.

**jugar a las**  verb  to play Chinese
**damas chinas**  checkers
Vamos a jugar a las damas chinas.
Let's play Chinese checkers.

**jugar a las**  verb  to play
**escondidas (el escondido)**  hide-and-seek
¿Quién quiere jugar a las escondidas?
Who wants to play hide-and-seek?

**jugar a la**  verb  to play Blindman's
**gallina ciega**  Buff
Ellos juegan a la gallina ciega.
They are playing Blindman's Buff.

**el jugo**  JU-go  noun, masc.  juice
¿Qué clase de jugo quiere usted?
What kind of juice do you want?

**el jugo de naranja**  noun, masc.  orange juice
Yo quiero un vaso grande de jugo de naranja.
I want a large glass of orange juice.

---

**el juguete**     ju-GE-te     noun, masc.          toy
                   Es el juguete favorito del niño.
                   That's the little boy's favorite toy.

---

**julio**   JU-leeo   noun, masc.          July
                   Hace mucho calor en julio.
                   It's very hot in July.

---

**junio**   JU-neeo   noun, masc.          June
                   En junio no hay clases.
                   There are no classes in June.

---

**juntos**   JUN-tos   adverb          together
                   Ellos trabajan juntos en la tienda.
                   They work together at the store.

---

# K

---

**el kilómetro**     kee-LO-me-tro   noun, masc.   kilometer
                   La casa de mi tío está a cinco kilómetros de
                   Guadalajara.
                   My uncle's house is five kilometers from
                   Guadalajara.

---

# L

---

**la**   LA   pronoun, fem.          it, the
                   Siempre la comemos.
                   We always eat it

---

**el labio**   LA-beeo   noun, masc.          lip
                   Los labios son rojos.
                   Lips are red.

---

**el ladrón**   la-DRON   noun, masc.          burglar
                   El ladrón entra por la ventana.

---

The burglar comes in through the window.

---

**el lago**   LA-go   noun, masc.                    lake
              Ellos nadan en el lago.
              They swim in the lake.

---

**la lámpara**   LAM-pa-ra   noun, fem.      lamp
                 Esta lámpara no da suficiente luz.
                 This lamp does not give enough light.

---

**la lana**   LA-na   noun, fem.                  wool
              Las ovejas nos dan lana.
              Sheep give us wool.

---

**el lápiz**   LA-pees   noun, masc.             pencil
               Aquí está mi lápiz.
               Here is my pencil.

   **el lápiz de color**   noun, masc.   crayon, color pencil
               El alumno usa un lápiz de color.
               The pupil uses a crayon.

---

**lavar**   la-BAR   verb                        to wash
            Yo lavo              Nosotros lavamos
            Tú lavas             (Vosotros laváis)
            Él, Ella, Usted      Ellos, Ellas, Ustedes
             lava                 lavan
            La máquina lava la ropa.
            The machine washes the clothes.

   **lavarse**   verb                         to wash oneself
            Yo me lavo            Nosotros nos lavamos

Tú te lavas        (Vosotros os laváis)
Él, Ella, Usted     Ellos, Ellas, Ustedes
   se lava            se lavan
Nos lavamos la cara y las manos todos los días.
We wash our face and hands every day.

---

**la lección**    lek-SEEON   noun, fem.      lesson
              ¿Quién sabe la lección de hoy?
              Who knows today's lesson?

---

**la leche**    LE-che   noun, fem.        milk
              Nos gusta mucho la leche.
              We like milk a lot.

---

**la lechuga**    le-CHU-ga   noun, fem.    lettuce
              Es una ensalada de lechuga y tomate.
              It is a lettuce and tomato salad.

---

**lejos**    LE-jos   adjective          far
              La iglesia no está lejos de aquí.
              The church is not far from here.

   **lejos de**         idiomatic         far from
                expression

---

**la lengua**    LEN-gua   noun, fem.     tongue
              Se usa la lengua para hablar.
              You use your tongue to speak.

---

**el león**    le-ON   noun, masc.       lion

El león es el rey de la selva.
The lion is king of the jungle.

---

**el leopardo**  le-o-PAR-do  noun, masc.          leopard
El leopardo tiene una piel muy bonita.
The leopard has pretty fur!

---

**levantar**  le-ban-TAR  verb                to raise
          Yo levanto          Nosotros levantamos
          Tú levantas         (Vosotros levantáis)
          Él, Ella, Usted     Ellos, Ellas, Ustedes
            levanta             levantan
          El alumno levanta la mano cuando quiere
            preguntar algo.
          The student raises his hand when he wants
            to ask something.

**levantarse**  verb                to get up
          Yo me levanto        Nosotros nos levantamos
          Tú te levantas       (Vosotros os levantáis)
          Él, Ella, Usted      Ellos, Ellas, Ustedes
            se levanta           se levantan
          ¡No se levanten de los asientos!
          Don't get up from your seats!

---

**el libro**  LEE-bro  noun, masc.          book
          Los estudiantes tienen varios libros.
          The students have several books.

---

**el limón**  lee-MON  noun, masc.          lemon
          ¿Te gusta el pastel de limón?
          Do you like lemon pie?

---

**el limpiador de**          noun, masc.          street cleaner
**calles**  leem-peea-DOR-de-KA-lyes (KA-yes)

          El limpiador de calles siempre está ocupado.
          The street cleaner is always busy.

---

---

| **limpiar** | leem-PEEAR   verb | to clean |
|---|---|---|
| | Yo limpio | Nosotros limpiamos |
| | Tú limpias | (Vosotros limpiáis) |
| | Él, Ella, Usted | Ellos, Ellas, Ustedes |
| |   limpia |   limpian |

¿Quién limpia la casa hoy?
Who is cleaning the house today?

---

**limpio**    LEEM-peeo   adjective, masc.       clean
 **limpia**   (fem.)

La casa de mis amigos siempre está limpia.
My friend's house is always clean.

---

**lo**    LO   pronoun, masc.       it
 **los**   (plural)                    them

Juan lo pone en la mesa.
Juan puts it on the table.

---

**el lobo**    LO-bo   noun, masc.       wolf

En el cuento de "Caperucita," el lobo se viste
  como la abuela.
In the story of "Riding Hood," the wolf dresses
  like the grandmother.

---

**loco**    LO-ko   adjective, masc.       crazy, mad
 **loca**   (fem.)

Se vuelve loco cuando piensa en pasteles.
He goes crazy when he thinks of pies.

---

**el lodo**    LO-do   noun, masc.       mud

A veces el equipo de fútbol juega en el lodo.
Sometimes the football team plays in the mud.

---

| **lograr** | lo-GRAR   verb | to be successful |
|---|---|---|
| | Yo logro | Nosotros logramos |
| | Tú logras | (Vosotros lográis) |
| | Él, Ella, Usted | Ellos, Ellas, Ustedes |
| |   logra |   logran |

Si practicas todos los días vas a lograr exito.
If you practice every day, you are going to be
successful.

---

**la luna**   LU-na   noun, fem.                    moon

Esta noche hay luna llena.
There is a full moon tonight.

---

**el lunes**   LU-nes   noun, masc.           Monday
El lunes comenzamos las clases.
Monday we start classes.

---

# LL

---

**llamar**   lya-MAR, ya-MAR   verb           to call
   Yo llamo              Nosotros llamamos
   Tú llamas             (Vosotros llamáis)
   Él, Ella, Usted       Ellos, Ellas, Ustedes
     llama                    llaman
   Llaman por teléfono.
   Someone's calling on the telephone.

**llamarse**   verb                        to call oneself, as in
   Me llamo Elena Jiménez.       "What's your
   My name is Elena Jiménez.        name?"

---

**la llave**   LYA-be, YA-be   noun, fem.        key
¿Dónde está la llave de la casa?

Where is the house key?

---

**llenar**    lye-NAR, ye-NAR   verb               to fill

| | |
|---|---|
| Yo lleno | Nosotros llenamos |
| Tú llenas | (Vosotros llenáis) |
| Él, Ella, Usted llena | Ellos, Ellas, Ustedes llenan |

La señora llena la canasta de fruta.
The lady fills the basket with fruit.

---

**lleno**   LYE-no, YE-no   adjective, masc.      full
**llena**   (fem.)

La caja está llena de ropa.
The box is full of clothes.

---

**llevar**   lye-BAR, ye-BAR   verb      to take, to wear

| | |
|---|---|
| Yo llevo | Nosotros llevamos |
| Tú llevas | (Vosotros lleváis) |
| Él, Ella, Usted lleva | Ellos, Ellas, Ustedes llevan |

Los niños llevan pantalones negros.
The boys are wearing black pants.

---

**llorar**   lyo-RAR, yo-RAR   verb      to cry

| | |
|---|---|
| Yo lloro | Nosotros lloramos |
| Tú lloras | (Vosotros lloráis) |
| Él, Ella, Usted llora | Ellos, Ellas, Ustedes lloran |

El bebé llora cuando quiere algo.
The baby cries when he wants something.

## M

---

**la madre**   MA-dre   noun, fem.      mother

La madre sirve la comida.
The mother serves the meal.

**magnífico**  mag-NEE-fee-ko   adjective, masc.  magnificent,
  **magnífica** (fem.)                                        great
          ¡Qué magnífica idea!
          What a great idea!

**el maíz**  ma-EES   noun, masc.       corn
          Me gusta el maíz amarillo.
          I like yellow corn.

**la maleta**  ma-LE-ta   noun, fem.       suitcase
          La maleta roja es mía.
          The red suitcase is mine.

**malo**  MA-lo   adjective, masc.           bad
  **mala** (fem.)
          Ésa es una mala palabra.
          That is a bad word.

**la mamá**  ma-MA   noun, fem.       mother, mom
          La mamá cuida a sus hijos.
          The mother takes care of her children.

  **mamacita**  ma-ma-SEE-ta   noun, fem.       mama
          Mamacita, ¿ dónde están mis zapatos?
          Mom, where are my shoes?

**mandar**  man-DAR   verb              to send
          Yo mando              Nosotros mandamos
          Tú mandas             (Vosotros mandáis)
          Él, Ella, Usted       Ellos, Ellas, Ustedes
            manda                 mandan
          Voy a mandar este paquete por correo.
          I am going to send this package by mail.

**la mano**  MA-no   noun, fem.           hand
          Si tienen preguntas, levanten la mano.
          If there are questions, raise your hand.

**la mano derecha**                  right hand
**la mano izquierda**            left hand
        Mi hermano escribe con la mano izquierda.
        My brother writes with his left hand.

---

**la mantequilla**   man-te-KEE-lya,    noun, fem.    butter
          man-te-KEE-ya
       El niño come pan y mantequilla.
       The boy is eating bread and butter.

---

**la manzana**   man-SA-na    noun, fem.    apple
       Esta manzana está dulce.
       This apple is sweet.

---

**el mapa**   MA-pa    noun, masc.    map

       Busca esa ciudad en el mapa.
       Look for that city on the map.

---

**la máquina**   MA-kee-na   noun, fem.        machine
   La máquina de lavar no anda muy bien.
   The washing machine is not working well.

**maravilloso**         adjective, masc.      marvellous
   ma-ra-bee-LYO-so, ma-ra-bee-YO-so
   **maravillosa**   (fem.)
      Es un juguete maravilloso.
      It is a marvellous toy.

**el mármol**   MAR-mol   noun, masc.        marble
   El hotel tiene pisos de mármol.
   The hotel has marble floors.

**el martillo**   mar-TEE-lyo,   noun, masc.      hammer
   mar-TEE-yo
      El trabajador usa el martillo.
      The worker uses the hammer.

**marzo**   MAR-so   noun              March
   En marzo hace mucho viento.
   It is very windy in March.

**más**   MAS   adjective; adverb        more
   Él quiere más papas en su plato.
   He wants more potatoes on his plate.

   **más tarde**      idiomatic           later
                  expression
      Más tarde jugamos en el parque.
      Later we will play in the park.

**matar**   ma-TAR   verb              to kill
      Yo mato            Nosotros matamos
      Tú matas           (Vosotros matáis)
      Él, Ella, Usted    Ellos, Ellas, Ustedes
         mata               matan

Yo no quiero matar al ratón; mátalo tú.
I don't want to kill the mouse; you kill it.

---

**el mecánico**   me-KA-nee-ko   noun, masc.   mechanic
Yo tengo un tío que es mecánico.
I have an uncle who is a mechanic.

---

**el mecanógrafo**   me-ka-NO-gra-fo   noun, masc.   typist
**la mecanógrafa**   (fem.)
Mi amiga es mecanógrafa en esa oficina.
My friend is a typist in that office.

---

**la medicina**   me-di-SI-na   noun, fem.   medicine
Es hora de tomar la medicina.
It is time to take the medicine.

---

**medio**   ME-deeo   adjective, masc.   half
**media**   (fem.)
Se come media sandía.
He eats half a watermelon.

**mediodía**                                       noon
**media hora**                                     half an hour
**medianoche**                                     midnight
En media hora llegamos a San Francisco.
In half an hour we will be in San Francisco.

---

**menos**   ME-nos   adverb   less, minus
Veinte menos nueve es once.
Twenty minus nine is eleven.

---

**la mentira**   men-TEE-ra   noun, fem.   falsehood, lie
Es una mentira; no es la verdad.
It is a lie; it is not the truth.

---

**el menú**   me-NU   noun, masc.   menu
Escoja su comida del menú.
Choose your meal from the menu.

---

95

**el mercado**   mer-KA-do   noun, masc.   market
La señora compra legumbres frescas en
el mercado.
The lady buys fresh vegetables at the market.

**la merienda**   me-RYEN-da   noun, fem.   afternoon, coffee
snack
Hay sandwiches y pan dulce para la merienda.
There are sandwiches and sweet rolls for the
afternoon coffee.

**el mes**   MES   noun, masc.   month
¿En qué mes es tu cumpleaños?
In which month is your birthday?

**la mesa**   ME-sa   noun, fem.   table
No pongan los libros en la mesa.
Don't put books on the table.

**la mesera**   me-SE-ra   noun, fem.   waitress
**el mesero**   (masc.)   waiter
Las meseras llevan uniforme blanco en este
restaurante.
The waitresses wear white uniforms in this
restaurant.

**el metro**   ME-tro   noun, masc.   subway
El metro nos lleva a la estación en diez minutos.

The subway will take us to the station in
ten minutes.

---

**mi**  MEE  adjective                                       my

  **mis**  (plural)

Mi cuaderno es azul.
My notebook is blue.

---

**el miembro**  MYEM-bro  noun, masc.       member

Mi hermano es miembro de un club de béisbol.
My brother is a member of a baseball club.

---

**el miércoles**  MYER-ko-les  noun, masc.       Wednesday

El miércoles vamos a un nuevo restaurante.
Wednesday we are going to a new restaurant.

---

**mil**  MEEL  adjective                              thousand

Hay mil palabras en este diccionario.
There are a thousand words in this dictionary.

---

**la milla**  MEE-lya, MEE-ya  noun, fem.       mile

Él puede correr una milla.
He can run a mile.

---

**el millón**  mee-LYON, mee-YON  noun, masc.       million

Todo el mundo quiere tener un millón de dólares.
Everybody wants to have a million dollars.

---

**mimado**  mee-MA-do  adjective, masc.       spoiled

  **mimada**  (fem.)

Mi hermanito es un niño mimado.
My little brother is a spoiled child.

---

**el minuto**  mee-NU-to  noun, masc.       minute

Es un minuto después de las dos.
It is a minute past two o'clock.

---

**mirar**  mee-RAR  verb  to look at, to watch
Yo miro  Nosotros miramos
Tú miras  (Vosotros miráis)
Él, Ella, Usted  Ellos, Ellas, Ustedes
mira  miran
Ellos miran un programa de televisión.
They are watching a television program.

---

**mismo**  MEES-mo  pronoun, masc.  myself
**misma**  (fem.)
Yo mismo puedo hacerlo.
I can do it myself.

---

**mojado**  mo-JA-do  adjective, masc.  wet
**mojada**  (fem.)
La blusa está mojada.
The blouse is wet.

---

**el mono**  MO-no  noun, masc.  monkey
El mono está en la jaula.
The monkey is in the cage.

---

**la montaña**  mon-TA-nya  noun, fem.  mountain
Hay nieve en la montaña.
There is snow on the mountain.

---

**el monte**  MON-te  noun, masc.  woods
Los animales corren en el monte.
The animals are running in the woods.

---

**el mosquito**   mos-KEE-to   noun, masc.   bug, mosquito
El mosquito es chiquito pero pica.
The bug is small, but it stings.

---

**mostrar**   mos-TRAR   verb                      to show
Yo muestro              Nosotros mostramos
Tú muestras            (Vosotros mostráis)
Él, Ella, Usted        Ellos, Ellas, Ustedes
  muestra                   muestran
Muéstrame tu libro nuevo.
Show me your new book.

---

**mover**   mo-BER   verb                       to move
Yo muevo               Nosotros movemos
Tú mueves             (Vosotros movéis)
Él, Ella, Usted        Ellos, Ellas, Ustedes
  mueve                     mueven
Los estudiantes mueven los libros del escritorio
  a la mesa.
The students move the books from the desk
  to the table.

---

**el mozo**   MO-so   noun, masc.           waiter
El mozo es guapo.
The waiter is handsome.

---

**mucho**   MU-cho   adjective, masc.   much, many, a lot
**mucha**   (fem.)
Hay mucha gente en el cine.
There are many people in the movies.

---

**mucho**   MU-cho   adverb            much, a lot
Ella come mucho.
She eats a lot.

---

**la mujer**   mu-JER   noun, fem.           woman
Esa mujer no es la madre de Jorge.

That woman is not George's mother.

---

**el mundo**  MUN-do  noun, masc.  world
Todos quieren hacer un viaje alrededor
del mundo.
Everyone wants to take a trip around the world.

---

**el museo**  mu-SE-o  noun, masc.  museum
En el museo hay pinturas famosas.
There are famous paintings in the museum.

---

**la música**  MU-see-ka  noun, fem.  music
Me gusta mucho la música moderna.
I like modern music a lot.

---

**muy**  MUEE  adverb  very
El maestro es muy bueno.
The teacher is very good.

**muy bien**  idiomatic  very well
expression
Ellas hablan español muy bien.
They speak Spanish very well.

---

# N

---

**la nación**  na-SEEON  noun, masc.  nation
El Perú es una nación.
Peru is a nation.

---

**nada**  NA-da  pronoun  nothing
No es nada.
It is nothing.

---

**nadar**  na-DAR  verb  to swim
Yo nado          Nosotros nadamos
Tú nadas         (Vosotros nadáis)
Él, Ella, Usted  Ellos, Ellas, Ustedes

nada                    nadan
Durante el verano nadamos todos los días.
We swim every day during summer.

---

**necesitar**    ne-se-see-TAR    verb         to need
Yo necesito          Nosotros necesitamos
Tú necesitas         (Vosotros necesitáis)
Él, Ella, Usted      Ellos, Ellas, Ustedes
necesita             necesitan
Hoy necesitamos hacer muchas cosas.
Today we need to do many things.

---

**nevar**    ne-BAR    verb         to snow

**nieva**    NYE-ba                It snows. It is snowing.
En Colorado muchas veces nieva en marzo.
It often snows in Colorado in March.

---

**el nido**    NEE-do    noun, masc.         nest
Hay un nido en ese árbol.
There is a nest in that tree.

---

**la nieta**    NYE-ta    noun, fem.         granddaughter
La señora tiene una nieta.
The lady has one granddaughter.

---

**el nieto**    NYE-to    noun, masc.         grandson
Juan es el primer nieto de mi madre.
John is my mother's first grandson.

---

**la nieve**   NYE-be      noun, fem.          snow
                        La nieve es blanca y bonita.
                        Snow is white and beautiful.

---

**la niña**   NEE-nya      noun, fem.          girl
                        La niña tiene diez años.
                        The girl is ten years old.

---

**el niño**   NEE-nyo      noun, masc.          boy
                        El niño lleva una camisa azul.
                        The boy is wearing a blue shirt.

**los niños**          noun, masc.          children
                        Los niños juegan al béisbol.
                        The children play baseball.

---

**¿No?**   NO      interjection          Aren't you?
                        Vas al cine, ¿no?
                        You are going to the movies, aren't you?

**¿no cree usted?**                          Don't you think so?
**¿no estás de acuerdo?**                     Don't you agree?

---

**la noche**   NO-che      noun, fem.          night
                        El papá de Elena trabaja por la noche.
                        Helen's father works at night.

---

**no hay entrada**          idiomatic      no admission
            no-aee-en-TRA-da      expression      do not enter
   **no entrar**
   **no se permite entrar**

---

**el nombre**   NOM-bre      noun, masc.          name
                        ¿Cuál es el nombre de la medicina?
                        What is the name of the medicine?

---

**el norte**   NOR-te      adverb; adjective;          north
                        noun, masc.

Ellos viven en el norte de los Estados Unidos.
They live in the north of the United States.

---

**la nota musical**    noun, fem.        musical note
no-ta-mu-see-KAL
¿Con qué nota musical comienza esta canción?
With what note does this song start?

---

**noventa**   no-BEN-ta    adjective        ninety
Esta escuela tiene noventa maestros.
This school has ninety teachers.

---

**noviembre**   no-BYEM-bre    noun, masc.    November
El cumpleaños de Patricia es el catorce de
noviembre.
Patricia's birthday is November 14.

---

**la nube**   NU-be    noun, fem.        cloud

La nube gris nos trae lluvia.
The gray cloud brings us rain.

---

**nuestro**   NUES-tro    adjective; pronoun    our, ours
Ese libro es nuestro.
That book is ours.
Ése es nuestro libro.
That is our book.

---

**nueve**   NUE-be    adjective        nine
La casa de mi tía tiene nueve cuartos.

My aunt's house has nine rooms.

---

**nuevo** NUE-bo    adjective, masc.     new
  **nueva** (fem.)
        Yo tengo una bicicleta nueva.
        I have a new bicycle.

---

**el número** NU-me-ro    noun, masc.     number
        El número 10 gana el premio.
        Number 10 wins the prize.

---

**nunca** NUN-ka    adverb        never
        Él nunca quiere jugar al tenis.
        He never wants to play tennis.

---

# O

---

**obedecer** o-be-de-SER    verb       to obey
        Yo obedezco        Nosotros obedecemos
        Tú obedeces        (Vosotros obedecéis)
        Él, Ella, Usted      Ellos, Ellas, Ustedes
          obedece           obedecen

        Nosotros obedecemos a nuestros padres.
        We obey our parents.

---

**octubre** ok-TU-bre    noun, masc.     October
        En los Estados Unidos, los niños celebran el 31
          de octubre.
        In the United States, children celebrate
          October 31.

---

**ocupado** o-ku-PA-do    adjective, masc.     occupied,
  **ocupada** (fem.)                        busy
        Mi mamá siempre está muy ocupada.
        My mother is always very busy.

---

**ocho** O-cho    adjective        eight

Yo tengo ocho monedas.
I have eight coins.

---

**odiar**   o-DEEAR   verb                    to hate
            Yo odio               Nosotros odiamos
            Tú odias              (Vosotros odiáis)
            Él, Ella, Usted       Ellos, Ellas, Ustedes
             odia                  odian
            Los alumnos odian esos ejercicios.
            Pupils hate those exercises.

---

**el oeste**   o-ES-te   adverb; adjective;      west
                         noun, masc.
              En el oeste de Texas hay nieve en invierno.
              There is snow in west Texas in winter.

---

**la oficina**   o-fee-SEE-na   noun, fem.   office
               Él trabaja en una oficina.
               He works in an office.

---

**oír**   o-EER   verb                       to hear
          Yo oigo               Nosotros oímos
          Tú oyes               (Vosotros oís)
          Él, Ella, Usted       Ellos, Ellas, Ustedes
           oye                   oyen
          Yo oigo un ruido extraño.
          I hear a strange noise.

---

**el ojo**   O-jo   noun, masc.              eye
            Ella trae un ojo rojo.
            She has a red eye.

---

**OK!**   o-KE   interjection               OK!
          ¡OK! Vamos a comer ahora.
          OK! Let's eat now.

---

**la ola**   O-la   noun, fem.              wave (water)
            Él pasea en una ola.

105

He is riding a wave.

---

**oler**   o-LER     verb                 to smell

Yo huelo            Nosotros olemos

Tú hueles           (Vosotros oléis)

Él, Ella, Usted     Ellos, Ellas, Ustedes
  huele               huelen

La niña huele las flores.

The little girl is smelling the flowers.

---

**olvidar**   ol-bee-DAR   verb       to forget

Yo olvido           Nosotros olvidamos

Tú olvidas         (Vosotros olvidáis)

Él, Ella, Usted     Ellos, Ellas, Ustedes
  olvida            olvidan

No olviden ustedes sus libros.

Don't forget your books.

---

**once**   ON-se     adjective         eleven

El hombre trae once billetes en su cartera.

The man has eleven bills in his wallet.

---

**la onda**   ON-da    noun, fem.       wave

Es un radio de onda corta.

It's a short wave radio.

---

**la oración**   o-ra-SEEON   noun, fem.     prayer

Todos dicen oraciones en la iglesia.

They all say prayers in church.

---

**ordenar**   or-de-NAR   verb         to order

Yo ordeno          Nosotros ordenamos

Tú ordenas        (Vosotros ordenáis)

Él, Ella, Usted     Ellos, Ellas, Ustedes
  ordena           ordenan

Vamos a ordenar lo mismo.

Let's order the same.

---

**la oreja**  o-RE-ja   noun, fem.                    ear
La oreja derecha le duele.
His right ear hurts.

**la orilla**  o-REE-lya, o-REE-ya   noun, fem.    shore, edge
Les gusta sentarse en la orilla del lago.
They like to sit on the edge of the lake.

**el oro**  O-ro   noun, masc.                      gold
El oro vale mucho.
Gold is worth a lot.

**el oso**  O-so   noun, masc.                      bear
Es un oso negro.
It is a black bear.

**el otoño**  o-TO-nyo   noun, masc.    autumn
En el otoño los árboles se ponen de rojo, amarillo
y muchos otros colores.
In autumn the trees turn red, yellow and many
other colors.

**el otro**  O-tro   pronoun                        other
El lápiz azul es mío. El otro es de Juana.
The blue pencil is mine. The other is Jane's.

**otro**  O-tro   adjective; pronoun, masc.         another,
**otra**  (fem.)                                     other

¿Quieres otro libro?
Do you want another book?

**otra vez**  O-tra-BES    adverb        again, once more
Vamos a jugar a la gallina ciega otra vez.
Let's play blindman's buff again.

---

# P

---

**el padre**  PA-dre    noun, masc.        father
**los padres**  (plural)                parents
Los padres vienen a la escuela para ver un
programa especial.
The parents are coming to school to see a
special program.

---

**pagar**  pa-GAR    verb            to pay
Yo pago              Nosotros pagamos
Tú pagas             (Vosotros pagáis)
Él, Ella, Usted      Ellos, Ellas, Ustedes
 paga                 pagan
Mi papá paga la cuenta.
My father pays the bill.

---

**la página**  PA-jee-na    noun, fem.        page
Miren la página veinte.
Look at page twenty.

---

**el país**  pa-EES    noun, masc.        country
Nuestro país es hermoso.
Our country is beautiful.

---

**el pájaro**  PA-ja-ro    noun, masc.        bird

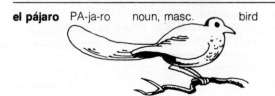

El pájaro tiene un nido en el árbol.
The bird has a nest in the tree.

---

**el palacio**  pa-LA-seeo    noun, masc.        palace
La reina vive en un palacio.
The queen lives in a palace.

---

**el palo**  PA-lo    noun, masc.        stick
  **el palito**                          the little stick
El niño juega con un palo.
The boy plays with a stick.

---

**el pan**  PAN    noun masc.        bread
Me gusta mucho el pan.
I like bread very much.

  **el pan tostado**    noun, masc.        toast
Hay pan tostado para el desayuno.
There is toast for breakfast.

---

**la panadería**  pa-na-de-REE-a    noun, fem.        bakery
Se compra pan en la panadería.
You can buy bread in the bakery.

---

**el panadero**  pa-na-DE-ro    noun, masc.        baker
El panadero hace el pan.
The baker bakes the bread.

---

**los pantalones**    noun, masc.        pants, trousers
    pan-ta-LO-nes
Él lleva pantalones blancos.
He is wearing white pants.

---

**el pañuelo**  pa-NYUE-lo    noun, masc.        handkerchief
Es un pañuelo fino.
It is a fine handkerchief.

---

---

**la papa**    PA-pa    noun, fem.         potato
¿Quieres papa con mantequilla?
Would you like a potato with butter?

---

**el papá**    pa-PA    noun, masc.      father, dad
Papá, ¿dónde está mamá?
Dad, where is Mom?

**el papacito**    noun, masc.        papa

---

**el papalote**    pa-pa-LO-te    noun, masc.      kite
El papalote (la cometa) vuela muy alto.
The kite is flying very high.

---

**el papel**    pa-PEL    noun, masc.      paper
Ellos escriben en el papel.
They write on the paper.

---

**pasear**    pa-se-AR    verb          to take a walk

| | |
|---|---|
| Yo paseo | Nosotros paseamos |
| Tú paseas | (Vosotros paseáis) |
| Él, Ella, Usted | Ellos, Ellas, Ustedes |
| pasea | pasean |

Los domingos ellos pasean en el parque.
On Sunday, they take a walk in the park.

**pasear en coche**    verb      to take a ride

---

**el paseo**    pa-SE-o    noun, masc.     walk, ride
Ellos dan un paseo.
They take a walk.

---

**el paso**    PA-so    noun, masc.      step
El bebé toma un paso.
The baby takes a step.

---

**la pasta dental**    PAS-ta-den-TAL    noun, fem.    toothpaste

Todos deben usar la pasta dental todos los días.
Everyone should use toothpaste every day.

---

**el pastel**    pas-TEL    noun, masc.       pie
        El panadero prepara un pastel.
        The baker is preparing a pie.

  **el pastel de manzana**    noun, masc.    apple pie
        Le gusta mucho el pastel de manzana.
        He likes apple pie very much.

---

**la pata**    PA-ta    noun, fem.          foot (of an animal
                                       or object)

        La pata de la mesa está rota.
        The foot of the table is broken.

---

**el patín**    pa-TEEN    noun, masc.       skate
        Roberto tiene patines nuevos.
        Robert has new skates.

---

**patinar**    pa-tee-NAR    verb         to skate
        Yo patino           Nosotros patinamos
        Tú patinas          (Vosotros patináis)
        Él, Ella, Usted      Ellos, Ellas, Ustedes
          patina               patinan

        ¿Sabes patinar?
        Do you know how to skate?

---

**el payaso**    pa-YA-so    noun, masc.    clown
        El payaso es cómico.
        The clown is funny.

---

**el pececito**    pe-se-SEE-to    noun, masc.    little fish
        Yo tengo un pececito.
        I have a little fish.

---

**el pedazo**    pe-DA-so    noun, masc.      piece

¿Quieres un pedazo de sandía?
Do you want a piece of watermelon?

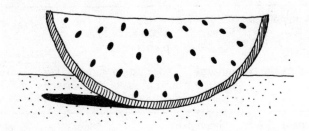

---

**pedir** pe-DEER    verb                        to request, to ask for
    Yo pido              Nosotros pedimos
    Tú pides             (Vosotros pedís)
    Él, Ella, Usted      Ellos, Ellas, Ustedes
      pide                      piden

El muchacho pide un dulce.
The boy asks for a piece of candy.

---

**pedir prestado** pe-DEER-pres-TA-do    verb    to borrow

Él no tiene dinero, pero no quiere pedir prestado.
He doesn't have any money, but he doesn't want
    to borrow.

---

**pegar** pe-GAR    verb                        to paste, to glue, to hit
    Yo pego              Nosotros pegamos
    Tú pegas             (Vosotros pegáis)
    Él, Ella, Usted      Ellos, Ellas, Ustedes
      pega                      pegan
Vamos a pegar los animales en el cuadro.
Let's paste the animals in the picture.

---

**la película** pe-LEE-ku-la    noun, fem.    movie, film
Vamos a ver una película muy interesante.

We are going to see a very interesting movie.

---

**el pelo**    PE-lo    noun, masc.            hair
            La muñeca tiene el pelo negro.
            The doll's hair is black.

---

**la pelota**    pe-LO-ta    noun, fem.        ball
            Los muchachos juegan con la pelota.
            The boys play with the ball.

---

**pensar**    pen-SAR    verb            to think
         Yo pienso            Nosotros pensamos
         Tú piensas          (Vosotros pensáis)
         Él, Ella, Usted     Ellos, Ellas, Ustedes
           piensa              piensan

         ¿Qué piensa Ud. de este libro?
         What do you think of this book?

---

**pequeño**    pe-KE-nyo    adjective, masc.    small, little
**pequeña**    (fem.)
         El coche es pequeño.
         The car is small.

---

**la pera**    PE-ra    noun, fem.        pear
         La pera es mi fruta favorita.
         Pears are my favorite fruit.

---

**perder**    per-DER    verb            to lose

| Yo pierdo | Nosotros perdemos |
|---|---|
| Tú pierdes | (Vosotros perdéis) |
| Él, Ella, Usted pierde | Ellos, Ellas, Ustedes pierden |

No quiero perder este lápiz.
I don't want to lose this pencil.

---

**Perdóneme**   per-DO-ne-me   idiomatic expression   excuse me, pardon me

Perdóneme. ¿Puede Ud. repetirlo?
Excuse me. Can you repeat it?

---

**perezoso**   pe-re-SO-so   adjective, masc.   lazy
**perezosa**   (fem.)

Mi hermano es muy perezoso.
My brother is very lazy.

---

**el perico**   pe-REE-ko   noun, masc.   parrot, parakeet

¿De qué color es el perico?
What color is the parrot?

---

**el periódico**   pe-REEO-dee-ko   noun, masc.   newspaper

El señor lee el periódico.
The man reads the newspaper.

---

**el permiso**   per-MEE-so   noun, masc.   permission, permit

Él tiene permiso para ir.
He has permission to go.

---

**pero**   PE-ro   conjunction   but

Yo sé nadar, pero él no sabe.
I know how to swim, but he doesn't.

---

**el perro**   PE-rro   noun, masc.   dog
**el perrito**                          little dog

Mi perro se llama "Samuel."
My dog's name is Sam.

---

---

**el pescado**   pes-KA-do    noun, masc.      fish
Hay pescado para la cena.
There is fish for dinner.

---

**el pez**   PES    noun, masc.      fish (live)
El pez está en el acuario.
The fish is in the aquarium.

---

**el piano**   PEEA-no   noun, masc.      piano
Mi hermana toca el piano.
My sister plays the piano.

---

**picar**   pee-KAR    verb      to bite, sting
                                               (mosquitoes)
Los zancudos pican mucho.
Mosquitoes bite a lot.

---

**pícaro**   PEE-ka-ro    adjective, masc.      naughty
Tengo un amigo muy pícaro.
I have a naughty friend.

---

**el pico**   PEE-ko    noun, masc.      beak
El pollo come con el pico.
The chick eats with its beak.

---

**el pie**   PYE    noun, masc.      foot
 **los pies**   (plural)                          feet
Me duele el pie.
My foot hurts.

---

**la piedra**   PYE-dra    noun, fem.      rock, stone
¡No tiren piedras!
Don't throw rocks!

---

**la piel**   PYEL    noun, fem.      skin, fur
La piel del animal es suave.
The animal's fur is soft.

---

---

**la pierna** PYER-na    noun, fem.         leg
Él tiene una pierna quebrada.
He has a broken leg.

---

**las pijamas** pee-JA-mas    noun, fem.    pajamas
Nos ponemos las pijamas para dormir.
We put on our pajamas to go to bed.

---

**el piloto** pee-LO-to    noun, masc.       pilot
El piloto conduce el avión.
The pilot drives the plane.

---

**pintar** peen-TAR    verb                  to paint
Yo pinto                  Nosotros pintamos
Tú pintas                (Vosotros pintáis)
Él, Ella, Usted          Ellos, Ellas, Ustedes
  pinta                     pintan
Los hombres pintan la casa.
The men are painting the house.

---

**la piscina** pee-SEE-na    noun, fem.       pool
Vamos a nadar en la piscina.
Let's go swimming in the pool.

---

**la pizarra** pee-SA-rra    noun, fem.        chalkboard
**el pizarrón** pi-sa-RON    (masc.)
La maestra escribe en la pizarra.
The teacher writes on the chalkboard.

---

**el placer**   pla-SER    noun, masc.        pleasure
            Es un placer ir a la playa.
            It is a pleasure to go to the beach.

**la plancha**   PLAN-cha    noun, fem.        iron
            Es una plancha de vapor.
            It is a steam iron.

**planchar**   plan-CHAR    verb        to iron
            Yo plancho          Nosotros planchamos
            Tú planchas         (Vosotros plancháis)
            Él, Ella, Usted     Ellos, Ellas, Ustedes
              plancha             planchan
            Josefina plancha mis camisas.
            Josephine irons my shirts.

**el planeta**   pla-NE-ta    noun, masc.        planet
            Los astronautas viajan fuera de este planeta.
            The astronauts travel outside of this planet.

**la planta**   PLAN-ta    noun, fem.        plant
            La planta necesita agua.
            The plant needs water.

**la planta baja**   plan-ta-BA-ja    noun, fem.        first floor
            Las oficinas están en la planta baja.
            The offices are on the first floor.

**la plata**    PLA-ta    noun, fem.            silver
Yo tengo un anillo de plata.
I have a silver ring.

**el plátano**    PLA-ta-no    noun, masc.      banana
Me gusta el cereal con plátano.
I like cereal with bananas.

**el plato**    PLA-to    noun, masc.         dish
¿Quién lava los platos en tu casa?
Who washes dishes in your home?

**el platito**    pla-TEE-to    noun, masc.     saucer
Elena trae un platito para la taza.
Helen brings a saucer for the cup.

**la playa**    PLA-ya    noun, fem.            beach
El domingo vamos a la playa.
Sunday we are going to the beach.

**pobre**    PO-bre    adjective            poor
La gente pobre no tiene dinero.
Poor people don't have any money.

**poco**    PO-ko    adverb            a little bit
**(poquito)**

¿Hablas español? Un poco.
Do you speak Spanish? A little.

**poder**    po-DER    verb            to be able to, can

| | |
|---|---|
| Yo puedo | Nosotros podemos |
| Tú puedes | (Vosotros podéis) |
| Él, Ella, Usted | Ellos, Ellas, Ustedes |
| puede | pueden |

Mi papá dice que no puedo ir.
My dad says I can't go.

**el policía**    po-lee-SEE-a    noun, masc.     policeman

poner                                                    por favor

El policía ayuda a los niños.
The policeman helps the children.

---

**poner**  po-NER   verb                    to put, place, set
                                                    (the table)
          Yo pongo            Nosotros ponemos
          Tú pones            (Vosotros ponéis)
          Él, Ella, Usted     Ellos, Ellas, Ustedes
            pone                 ponen
          El hijo pone la mesa.
          The son sets the table.

**ponerse**        verb                    to set (sun), to put on
          El sol se pone en el oeste.
          The sun sets in the west.

---

**¡Presta atención!**      idiomatic      Pay attention!
    PRES-ta-ten-SEEON      expression
          Por favor, presta atención
          Please, pay attention.

---

**por**  POR   preposition                    through, by, for
          El niño mira por la ventana.
          The child looks through the window.

**por auto**     preposition              by car
          Vamos a viajar por auto.
          We are going to travel by car.

**por avión**    preposition              by airplane, airmail
          La carta va por avión.
          The letter is going airmail.

**por correo**   preposition              by mail
          La contestación viene por correo.
          The answer will come through the mail.

**por favor**    interjection             please
          ¡Por favor! Lávate las manos.
          Please ! Wash your hands.

---

119

---

**porque**    POR-KE    adverb         because
Él no va porque no tiene permiso.
He is not going because he doesn't have permission.

---

**por qué**    POR-KE    adverb         why
¿Por qué no puedes ir? Porque no tengo permiso.
Why can't you go? Because I don't have permission.

---

**el portafolio**    por-ta-FO-leeo    noun, masc.    briefcase
Mi vecino lleva su portafolio.
My neighbor takes his briefcase.

---

**el postre**    POS-tre    noun, masc.         dessert
El postre es pastel de cereza.
The dessert is cherry pie.

---

**preferir**    pre-fe-REER    verb         to prefer

| | |
|---|---|
| Yo prefiero | Nosotros preferimos |
| Tú prefieres | (Vosotros preferís) |
| Él, Ella, Usted prefiere | Ellos, Ellas, Ustedes prefieren |

Yo prefiero jugo de naranja.
I prefer orange juice.

---

**la pregunta**    pre-GUN-ta    noun, fem.         question
Juan tiene una pregunta.
John has a question.

---

---

**preparado**  pre-pa-RA-do  adjective, masc.        ready
  **preparada**  (fem.)
          Margarita está preparada.
          Margarite is ready.

---

**preparar**  pre-pa-RAR  verb          to prepare
          Yo preparo          Nosotros preparamos
          Tú preparas          (Vosotros preparáis)
          Él, Ella, Usted          Ellos, Ellas, Ustedes
            prepara          preparan
          María prepara la comida.
          Mary prepares dinner.

---

**presente**  pre-SEN-te  adjective        present, here
          Patricia no está presente.
          Patricia is not present.

---

**el presidente**  pre-see-DEN-te  noun, masc.    president
          El presidente de los ¡Estados|Unidos visita a la
            América del Sur.
          The President of the United States is visiting
            South America.

---

**prestar**  pres-TAR  verb            to lend
          Yo presto          Nosotros prestamos
          Tú prestas          (Vosotros prestáis)
          Él, Ella, Usted          Ellos, Ellas, Ustedes
            presta          prestan
          Yo le presto papel a Gloria.
          I lend Gloria paper.

---

**la primavera**  pree-ma-BE-ra  noun, fem.      spring
          Hay muchas flores en la primavera.
          There are many flowers in the spring.

---

**primero**  pree-ME-ro  adjective    first
  **primera**  (fem.)

¿Quién es primero?
Who is first?

---

**primo** PREE-mo     noun, masc.          cousin

**prima** (fem.)

Mi primo se llama Jorge.
My cousin's name is George.

---

**la princesa** preen-SE-sa     noun, fem.          princess

La princesa es la hija del rey.
The princess is the king's daughter.

---

**el príncipe** PREEN-see-pe     noun, masc.          prince

El príncipe es el hijo de la reina.
The prince is the queen's son.

---

**prometer** pro-me-TER     verb               to promise

| Yo prometo | Nosotros prometemos |
|---|---|
| Tú prometes | (Vosotros prometéis) |
| Él, Ella, Usted promete | Ellos, Ellas, Ustedes prometen |

Yo prometo ser bueno.
I promise to be good.

---

**pronto** PRON-to     adverb          quickly, soon

Los estudiantes acaban su trabajo pronto.
The students finish their work quickly.

---

**la propina** pro-PEE-na     noun, fem.          tip

El mesero espera una propina.
The waiter expects a tip.

---

**propio** PRO-peeo     adjective, masc.          one's own

**propia** (fem.)

Todos usan su propio papel.
Everyone uses his (her) own paper.

---

---

**próximo**  PROK-see-mo    adjective, masc.          next
 **próxima** (fem.)
        La semana próxima hay un día de fiesta.
        Next week there is a holiday.

---

**la prueba**  PRUE-ba    noun, fem.        test
        La prueba en aritmética es mañana.
        The arithmetic test is tomorrow.

---

**el pueblo**  PUE-blo    noun, masc.        town
        La familia García vive en un pueblo de Texas.
        The García family lives in a Texas town.

---

**pues**  PUES    adverb; conjunction        well, since
        Pues, vamos.
        Well, let's go.

# Q

---

**qué**  KE    Interrogative                which, what
        pronoun
            ¿Qué quieres?
            What do you want?

  **¿Qué clase de . . . ?**                    What kind of . . .
  **¿Qué tipo de . . . ?**                     What type of . . .
            ¿Qué clase de dulces quiere usted?
            What kind of candy do you want?

  **¡Qué lástima!**  ke-LAS-tee-ma          too bad
            ¡Qué lástima! No vamos a nadar.
            Too bad! We're not going swimming.

---

**quedarse**  ke-DAR-se    verb          to stay
        Mis hermanos no quieren quedarse con mi tía.
        My brothers don't want to stay with my aunt.

---

**quejarse**  ke-JAR-se   verb           to complain

| | |
|---|---|
| Yo me quejo | Nosotros nos quejamos |
| Tú te quejas | (Vosotros os quejáis) |
| Él, Ella, Ustedse queja | Ellos, Ellas, Ustedes quejan |

No me gusta la gente que se queja mucho.
I don't like people who complain a lot.

---

**quemar**  ke-MAR   verb           to burn

| | |
|---|---|
| Yo quemo | Nosotros quemamos |
| Tú quemas | (Vosotros quemáis) |
| Él, Ella, Usted quema | Ellos, Ellas, Ustedes queman |

¡Cuidado! El cerillo puede quemar.
Careful! The match can burn.

---

**querer**  ke-RER   verb           to want

| | |
|---|---|
| Yo quiero | Nosotros queremos |
| Tú quieres | (Vosotros queréis) |
| Él, Ella, Usted quiere | Ellos, Ellas, Ustedes quieren |

Ellos quieren comer ahora.
They want to eat now.

---

**querido**  ke-REE-do   adjective. masc.   loved, dear

**querida** (fem.)

> La maestra es querida por todos los niños.
> The teacher is loved by all the children.

---

**el queso**   KE-so    noun, masc.      cheese

> Me gusta el queso con fruta.
> I like cheese with fruit.

---

**quién**   KYEN      interrogative      who
                       pronoun

> ¿Quién quiere jugar?
> Who wants to play?

---

**quieto**   KYE-to    adjective, masc.      quiet
**quieta** (fem.)

> Todo está muy quieto.
> Everything is very quiet.

---

**quitar**   kee-TAR      verb               to remove, take off

| | |
|---|---|
| Yo quito | Nosotros quitamos |
| Tú quitas | (Vosotros quitáis) |
| Él, Ella, Usted | Ellos, Ellas, Ustedes |
| quita | quitan |

> Ella quita la botella de la mesa.
> She removes the bottle from the table.

---

**quizá**   kee-SA, kee-SAS    adverb      perhaps, maybe
**quizás**

> ¿Vas al cine esta noche? Quizá.
> Are you going to the movies tonight? Maybe.

---

# R

**el radio**   RA-deeo    noun, masc.      radio

> Es un radio de onda corta.
> It is a short wave radio.

**la radio**                               radio program

---

---

**la rama**    RA-ma    noun, fem.        branch

Esa rama no tiene hojas.

That branch doesn't have any leaves.

---

**el ramo de flores**      noun, masc.      bouquet

ra-mo-de-FLO-res

Los niños le dan un ramo de flores a la maestra.

The children give the teacher a bouquet.

---

**la rana**    RA-na    noun, fem.        frog

Cuando salgo al jardín veo las ranas.

When I go out to the garden, I see the frogs.

---

**rápido**    RA-pee-do    adjective, masc.      rapid, fast

**rápida**   (fem.)

Esa máquina es muy rápida.

The machine is very fast.

---

**el rascacielos**   ras-ka-SYE-los   noun, masc.    skyscraper

Ese edificio es el rascacielos más alto de

la ciudad.

That building is the highest skyscraper in the city.

---

**la rata**    RA-ta    noun, fem.       rat

La rata es un animal feo.

The rat is an ugly animal.

---

**el ratón**    ra-TON    noun, masc.      mouse

El ratón se esconde allí.

The mouse hides there.

---

**la recámara**    re-KA-ma-ra    noun, fem.     bedroom

Hay camas gemelas en mi recámara. (mi alcoba)

There are twin beds in my bedroom.

---

**el refresco**    re-FRES-ko    noun, masc.    refreshment,
                                                     soft-drink

Quiero un refresco. Tengo mucha sed.

I want a soft-drink. I'm very thirsty.

---

---

**el regalo**   re-GA-lo    noun, masc.      gift, present

Yo tengo un regalo de cumpleaños para mi amigo Raúl.

I have a birthday gift for my friend Raúl.

---

**regañar**   re-ga-NYAR    verb      to scold

| | |
|---|---|
| Yo regaño | Nosotros regañamos |
| Tú regañas | (Vosotros regañáis) |
| Él, Ella, Usted regaña | Ellos, Ellas, Ustedes regañan |

Si no ponemos atención, el maestro nos regaña.

If we don't pay attention, the teacher scolds us.

---

**regresar**   re-gre-SAR    verb      to return

| | |
|---|---|
| Yo regreso | Nosotros regresamos |
| Tú regresas | (Vosotros regresáis) |
| Él, Ella, Usted regresa | Ellos, Ellas, Ustedes regresan |

El señor regresa a casa muy tarde.

The man returns home very late.

---

**reír**   re-EER    verb      to laugh

| | |
|---|---|
| Yo río | Nosotros reímos |
| Tú ríes | (Vosotros reís) |
| Él, Ella, Usted ríe | Ellos, Ellas, Ustedes ríen |

Todos ríen cuando él habla.

Everyone laughs when he talks.

---

**el relámpago**   re-LAM-pa-go    noun, masc.      lightning

A veces hay muchos relámpagos cuando llueve.
Sometimes there is a lot of lightning when it rains.

---

**el reloj**    re-LO     noun, masc.        clock, watch
El reloj está en la pared de la cocina.
The clock is on the kitchen wall.

---

**responder**    res-pon-DER     verb        to answer, respond
      Yo respondo        Nosotros respondemos
      Tú respondes        (Vosotros respondéis)
      Él, Ella, Usted        Ellos, Ellas, Ustedes
        responde            responden
Ellos responden cuando la profesora hace
   una pregunta.
They answer when the teacher asks a question.

---

**la respuesta**    res-PUES-ta     noun, fem.        answer,
                                               response
Una pregunta necesita una respuesta.
A question needs an answer.

---

**el retrato**    re-TRA-to     noun, masc.        picture
Es un retrato del presidente.
It is a picture of the president.

---

**rico**    REE-ko     adjective, masc.        rich
   **rica**   (fem.)
Mi tío tiene mucho dinero. Es rico.
My uncle has a lot of money. He is rich.

---

**la riña**    REE-nya     noun, fem.        quarrel
No me gusta oír una riña.
I don't like to hear a quarrel.

---

**el río**    REE-o     noun, masc.        river
Ese río es largo y ancho.
That river is long and wide.

---

---

**robar**   ro-BAR   verb                to rob, to steal

| | |
|---|---|
| Yo robo | Nosotros robamos |
| Tú robas. | (Vosotros robáis) |
| Él, Ella, Usted | Ellos, Ellas, Ustedes |
| roba | roban |

Si no tenemos dinero, no lo roban.
If we don't have money, they don't steal it.

---

**la rodilla**   ro-DEE-lya, ro-DEE-ya   noun, fem.     knee
Me duele mucho la rodilla.
My knee hurts a lot.

---

**rojo**   RO-jo   adjective, masc.        red
**roja**  (fem.)

Yo quiero un coche rojo.
I want a red car.

---

**el rollo**   RO-lyo, RO-yo   noun, masc.    roll
El señor trae un rollo de billetes.
The man has a roll of bills.

---

**romper**   rom-PER   verb                to tear, break

| | |
|---|---|
| Yo rompo | Nosotros rompemos |
| Tú rompes | (Vosotros rompéis) |
| Él, Ella, Usted | Ellos, Ellas, Ustedes |
| rompe | rompen |

¿Por qué rompen los platos?
Why are they breaking the plates?

---

**la ropa**   RO-pa   noun, fem.        clothes
La ropa está limpia.
The clothes are clean.

---

**el ropero**   ro-PE-ro   noun, masc.   (clothes) closet
El abrigo está en el ropero.
The coat is in the closet.

---

---

**rubio**   RU-beeo   adjective, masc.   blond
  **rubia**   (fem.)

> Mi amigo tiene el pelo rubio.
> My friend has blond hair.

---

**la rueda**   RUE-da   noun, fem.   wheel

> El coche pierde una rueda.
> The car is losing a wheel.

---

**ruido**   RUEE-do   noun, masc.   noise

> Todos hacen mucho ruido en el juego.
> Everyone makes a lot of noise at the game.

## S

---

**sábado**   SA-ba-do   noun, masc.   Saturday

> El sábado vamos al cine.
> We're going to the movies Saturday.

---

**saber**   sa-BER   verb   to know, to know how to

| | |
|---|---|
| Yo sé | Nosotros sabemos |
| Tú sabes | (Vosotros sabéis) |
| Él, Ella, Usted | Ellos, Ellas, Ustedes |
| sabe | saben |

> Yo sé nadar.
> I know how to swim.

---

**sabio**   SA-beeo   adjective, masc.   wise
  **sabia**   (fem.)

> Mi abuelo es muy sabio.
> My grandfather is very wise.

---

**el saco**   SA-ko   noun, masc.   jacket

> Él lleva saco y corbata.
> He is wearing a jacket and tie.

---

---

**sacudir**   sa-ku-DEER   verb             to dust, shake

| | |
|---|---|
| Yo sacudo | Nosotros sacudimos |
| Tú sacudes | (Vosotros sacudís) |
| Él, Ella, Usted sacude | Ellos, Ellas, Ustedes sacuden |

La niña sacude los muebles.
The girl dusts the furniture.

---

**la sal**   SAL   noun, fem.                salt
Yo uso sal y pimienta
I use salt and pepper.

---

**la sala**   SA-la   noun, fem.         living room
Las visitas se sientan en la sala.
The visitors sit in the living room.

---

**salir**   sa-LEER   verb              to go out

| | |
|---|---|
| Yo salgo | Nosotros salimos |
| Tú sales | (Vosotros salís) |
| Él, Ella, Usted sale | Ellos, Ellas, Ustedes salen |

Yo salgo a recoger el periódico.
I go out to pick up the newspaper.

  **salir de compras**   verb        to go shopping
Las señoras salen de compras.
The ladies are going shopping.

---

**saltar**  sal-TAR     verb                        to jump
Yo salto                  Nosotros saltamos
Tú saltas                 (Vosotros saltáis)
Él, Ella, Usted           Ellos, Ellas, Ustedes
  salta                     saltan
Los niños saltan de gusto.
The children jump for joy.

---

**la salud**  sa-LUD     noun, fem.              health
Los huevos y la leche son buenos para la salud.
Eggs and milk are good for your health.

---

**salvaje**  sal-BA-je     adjective              savage
En la selva hay animales salvajes.
There are savage animals in the jungle.

---

**la sandía**  san-DEE-a     noun, fem.           watermelon
Me gusta la sandía bien fría en el verano.
I like very cold watermelon in summer.

---

**el sandwich**  san-UEECH     noun, masc.              sandwich
Yo quiero un sandwich de pollo.
I want a chicken sandwich.

---

**la sangre**  SAN-gre     noun, fem.             blood
La sangre es roja.
Blood is red.

---

---

**el sastre**    SAS-tre    noun, masc.      tailor
           El sastre hace ropa.
           The tailor makes clothes.

---

**seco**    SE-ko    adjective, masc.      dry
   **seca** (fem.)
           El río está seco.
           The river is dry.

---

**la secretaria**    se-kre-TA-reea    noun, fem.      secretary
   **el secretario** (masc.)
           Elena es la secretaria del club.
           Helen is the secretary of the club.

---

**el secreto**    se-KRE-to    noun, masc.      secret
           No lo diga. Es un secreto.
           Don't tell it. It is a secret.

---

**seguir**    se-GEER    verb            to follow
           Yo sigo            Nosotros seguimos
           Tú sigues          (Vosotros seguís)
           Él, Ella, Usted      Ellos, Ellas, Ustedes
              sigue           siguen
           Nosotros seguimos la ruta a Santa Fe.
           We are following the route to Santa Fe.

---

**según**    se-GUN    adverb            according
           Según el maestro, no podemos salir a las tres.
           According to the teacher, we cannot leave
              at three.

---

**segundo**    se-GUN-do    adjective, masc.      second
   **segunda** (fem.)
           Es la segunda vez que va a México.
           It is the second time that he is going to Mexico.

---

**seis**    SAYS    adjective            six
           Mi hermanito tiene seis años.

My little brother is six years old.

---

**el sello**   SE-lyo, SE-yo    noun, masc.        stamp, seal
La tarjeta lleva un sello.
The card has a stamp.

---

**la semana**   se-MA-na    noun, fem.        week
Cinco días a la semana vamos a la escuela.
We go to school five days a week.

---

**señalar**   se-nya-LAR    verb              to point, to signal
Yo señalo            Nosotros señalamos
Tú señalas           (Vosotros señaláis)
Él, Ella, Usted      Ellos, Ellas, Ustedes
  señala               señalan
El policía señala que el auto se pare.
The policeman signals the car to stop.

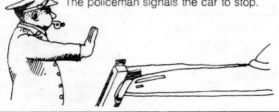

---

**el señor**   se-NYOR    noun, masc.        the man
El señor es guapo.
The man is handsome.

---

**la señora**   se-NYO-ra    noun, fem.        lady
La señora entra en la tienda.
The lady enters the store.

---

**la señorita**   se-nyo-REE-ta    noun, fem.        young lady,
                                                      miss
La señorita tiene un vestido nuevo.
The young lady has a new dress.

---

**sentado**  sen-TA-do    adjective, masc.           seated
  **sentada**  (fem.)
            Toda la gente está sentada.
            Everyone is seated.

**sentarse**  sen-TAR-se    verb              to sit down
            Yo me siento          Nosotros nos sentamos
            Tú te sientas         (Vosotros os sentáis)
            Él, Ella, Usted       Ellos, Ellas, Ustedes
              se sienta             se sientan
            Ellos se sientan en el parque.
            They are sitting in the park.

**sentir**  sen-TEER    verb              to feel; to regret
            Yo siento             Nosotros sentimos
            Tú sientes            (Vosotros sentís)
            Él, Ella, Usted       Ellos, Ellas, Ustedes
              siente                sienten
            Ellos sienten que tú no los quieras.
            They feel you don't like them.

**septiembre**  sep-TYEM-bre    noun, masc.    September
            Las clases comienzan en septiembre.
            Classes begin in September.

**ser**  SER    verb                    to be
            Yo soy                Nosotros somos
            Tú eres               (Vosotros sois)
            Él, Ella, Usted       Ellos, Ellas, Ustedes
              es                    son
            Él es médico y ella es abogada.
            He's a doctor and she's a lawyer.

**serio**  SE-reeo    adjective, masc.    serious
  **seria**  (fem.)
            El policía es muy serio.
            The policeman is very serious.

**servir**  ser-BEER  verb                              to serve

|                    |                          |
|--------------------|--------------------------|
| Yo sirvo           | Nosotros servimos        |
| Tú sirves          | (Vosotros servís)        |
| Él, Ella, Usted    | Ellos, Ellas, Ustedes    |
|   sirve            |   sirven                 |

Ella sirve chocolate y galletitas.
She serves chocolate and cookies.

---

**sesenta**  se-SEN-ta  adjective                sixty
Hay sesenta libros en la sala.
There are sixty books in the living room.

---

**setenta**  se-TEN-ta  adjective               seventy
Mi abuelo tiene setenta años.
My grandfather is seventy years old.

---

**sí**  SEE  adverb                               yes
Sí, me voy.
Yes, I'm going.

---

**si**  SEE  conjunction                          if
Si tú vas, yo voy.
If you go, I go.

---

**siempre**  SYEM-pre  adverb              always
Siempre nos gusta jugar al béisbol.
We always like to play baseball.

---

**siete**  SYE-te  adjective                     seven
Sabes el cuento de "Blancanieves y los
  siete enanos?"
Do you know the story of "Snow White and the
  Seven Dwarfs?"

---

**silbar**  seel-BAR  verb                      to whistle

|                    |                          |
|--------------------|--------------------------|
| Yo silbo           | Nosotros silbamos        |
| Tú silbas          | (Vosotros silbáis)       |

Él, Ella, Usted        Ellos, Ellas, Ustedes
silba                          silban

Los muchachos silban en el campo de recreo.
The boys whistle on the playground.

---

**silencioso** see-len-SEEO-so   adjective, masc.   silent
**silenciosa** (fem.)

Vamos a jugar un juego silencioso.
Let's play a silent game.

---

**sin** SEEN   preposition                without

Quiero un sandwich sin cebolla.
I want a sandwich without onions.

---

**el sobre** SO-bre   noun, masc.   envelope

La carta está en el sobre.
The letter is in the envelope.

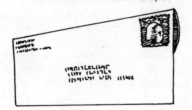

---

**la sobrina** so-BREE-na   noun, fem.   niece

Mis padres tienen ocho sobrinas.
My parents have eight nieces.

---

**el sobrino** so-BREE-no   noun, masc.   nephew

Mi primo es el sobrino de mi papá.
My cousin is my father's nephew.

---

**el sóccer** SO-ker   noun, masc.   soccer

En el sóccer se usan la cabeza y los pies.
In soccer you use your head and your feet.

---

---

**¡Socorro!**   so-KO-rro   Interjection      Help!
            ¡Socorro! ¡El coche se quema!
            Help! The car is burning!

---

**el sofá**   so-FA     noun, masc.        sofa, couch
            Nuestro sofá está en la sala.
            Our sofa is in the living room.

---

**el soldado**   sol-DA-do    noun, masc.      soldier
            El soldado marcha todos los días.
            The soldier marches everyday.

---

**solo**   SO-lo     adjective, masc.      alone
**sola**   (fem.)
            La niña camina sola a la escuela.
            The girl walks to school alone.

---

**el sombrero**   som-BRE-ro    noun, masc.      hat
            Yo tengo un sombrero de vaquero.
            I have a cowboy hat.

---

**sonar**   so-NAR     verb             to ring

| | |
|---|---|
| Yo sueno | Nosotros sonamos |
| Tú suenas | (Vosotros sonáis) |
| Él, Ella, Usted | Ellos, Ellas, Ustedes |
|    suena |    suenan |

            El teléfono suena.
            The telephone is ringing.

---

**sonreír**   son-re-EER    verb             to smile

| | |
|---|---|
| Yo sonrío | Nosotros sonreímos |
| Tú sonríes | (Vosotros sonreís) |
| Él, Ella, Usted | Ellos, Ellas, Ustedes |
|    sonríe |    sonríen |

            Cuando estamos contentos, sonreímos.
            We smile when we're happy.

---

---

**soñar**   so-NYAR     verb                  to dream

| | |
|---|---|
| Yo sueño | Nosotros soñamos |
| Tú sueñas | (Vosotros soñáis) |
| Él, Ella, Usted | Ellos, Ellas, Ustedes |
| sueña | sueñan |

Cuando dormimos, casi todos soñamos.
When we sleep, nearly all of us dream.

---

**la sopa**   SO-pa     noun, fem.        soup
¿Te gusta la sopa de pollo?
Do you like chicken soup?

---

**la sopera**   so-PE-ra     noun, fem.        bowl
**el sopero** (masc.)
La ensalada está en la sopera.
The salad is in the bowl.

---

**sordo**   SOR-do     adjective, masc.     deaf
**sorda** (fem.)
El señor no oye. Es sordo.
The man doesn't hear. He's deaf.

---

**sorprendente**   sor-pren-DEN-te     adjective     surprising
Es sorprendente recibir algo de ella.
It is surprising to receive something from her.

---

**la sorpresa**   sor-PRE-sa     noun, fem.     surprise
¿Cuál es la sorpresa?
What is the surprise?

---

**el sótano**   SO-ta-no     noun, masc.     basement
Guardamos algunos muebles en el sótano.
We keep some furniture in the basement.

---

**su**   SU     adjective                 his, her, its
**sus** (plural)                               their
Son sus libros.

They're his books.

---

**suave**   SUA-be     adjective         soft, gentle
             Este jabón es suave.
             This soap is gentle.

---

**el sube y baja**   Su-bay-BA-ja   noun, masc.     see-saw
             ¡Vamos a pasear (montar) en el sube y baja!
             Let's ride on the see-saw!

---

**subir**   su-BEER     verb         to climb, to go up
             Yo subo           Nosotros subimos
             Tú subes         (Vosotros subís)
             Él, Ella, Usted     Ellos, Ellas, Ustedes
               sube              suben
             El avión sube.
             The plane is going up.

---

**sucio**   SU-seeo     adjective, masc.     dirty
**sucia**   (fem.)
             Lávate las manos. Están sucias.
             Wash your hands. They're dirty.

---

**el suelo**   SUE-lo     noun, masc.     floor
             El perro se acuesta en el suelo.
             The dog lies down on the floor.

---

**la suerte**   SUER-te     noun, fem.     luck
             Buena suerte en el viaje.
             Good luck on the trip.

---

---

**el suéter**  SUE-ter     noun, masc.          sweater
        Tengo un suéter de lana.
        I have a wool sweater.

---

**el sur**  SUR     adverb; adjective; noun, masc.          south
        México está al sur de los Estados Unidos.
        Mexico is south of the United States.

---

# T

---

**el tamaño**  ta-MA-nyo     noun, masc.          size
        ¿De qué tamaño es el saco?
        What size is the coat?

---

**el tambor**  tam-BOR     noun, masc.          drum
        Mi hermano sabe tocar el tambor.
        My brother knows how to play the drums.

---

**tanto**  TAN-to     adjective, masc.          as much, so much
**tanta**  (fem.)
        ¡Yo tengo tanto tiempo como tú!
        I have as much time as you do!

---

**tantos**  TAN-tos     adjective, masc.          as many, so many
**tantas**  (fem.)
        Yo no tengo tantos juguetes como tú.
        I don't have as many toys as you do.

---

**la tarde**  TAR-de     noun, fem.          afternoon, early
                                         evening, p.m.
        El programa en la televisión es a las seis
          de la tarde.
        The program is at six o'clock in the evening.

---

**la tarjeta**  tar-JE-ta     noun, fem.          card
        Hay que escribir el nombre y la dirección
          en la tarjeta.

You have to write the name and address
on the card.

**la tarjeta postal**     noun, fem.        postcard
Esta tarjeta postal viene de la Florida.
This postcard is from Florida.

---

**la taza**  TA-sa    noun, fem.          cup
Mucha gente toma una taza de café por la tarde.
Many people have a cup of coffee in the afternoon.

---

**el teatro**  te-A-tro    noun, masc.      theater
Vamos al teatro con Jorge.
We're going to the theater with George.

---

**el techo**  TE-cho    noun, masc.      roof, ceiling
Hay que pintar el techo.
You have to paint the ceiling.

---

**el tejado**  te-JA-do    noun, masc.          roof
El tejado de esa casa española es rojo.
The roof of that Spanish house is red.

---

**tejer**  te-JER    verb              to knit
Yo tejo              Nosotros tejemos
Tú tejes             (Vosotros tejéis)
Él, Ella, Usted      Ellos, Ellas, Ustedes
  teje                 tejen
Mi abuela teje un suéter para mí.
My grandmother is knitting a sweater for me.

---

**el teléfono**  te-LE-fo-no    noun, masc.      telephone
Use usted el teléfono para llamar a Enrique.
Use the telephone to call Henry.

---

**la televisión**  te-le-bi-SEEON    noun, fem.    television, TV
¿Qué hay bueno en la televisión esta noche?
What's good on TV tonight?

---

**temprano**  tem-PRA-no    adverb              early
    El avión llega temprano.
    The plane arrives early.

---

**el tenedor**  te-ne-DOR    noun, masc.        fork
    Necesitamos un tenedor para la ensalada.
    We need a fork for the salad.

---

**tener**  te-NER    verb                    to have
    Yo tengo              Nosotros tenemos
    Tú tienes             (Vosotros tenéis)
    Él, Ella, Usted       Ellos, Ellas, Ustedes
    tiene                 tienen
    Juan tiene una bicicleta nueva.
    Juan has a new bicycle.

**tener dolor**          idiomatic        to have a headache
**de cabeza**            expression
    La señora dice que tiene dolor de cabeza.
    The lady says she has a headache.

**tener éxito**          idiomatic        to be successful
                        expression
    Este equipo de béisbol siempre tiene éxito.
        Gana todos los juegos.
    This baseball team always is successful.
        It wins every game.

**tener el pie**         idiomatic        to have a sore foot
**adolorido**            expression
    Jaime tiene el pie adolorido.
    Jim has a sore foot.

143

**tener que**   te-NER-KE   idiomatic         to have to
                            expression
                Tengo que bañarme todos los días.
                I have to bathe every day.

**tener razón**             idiomatic         to be right
                            expression
                ¡Los padres siempre tienen razón!
                Parents are always right!

**tener sed**               idiomatic         to be thirsty
                            expression
                Yo tengo mucha sed. Dame un vaso de agua.
                I am very thirsty. Give me a glass of water.

**tener sueño**             idiomatic         to be sleepy
                            expression
                Vamos a acostarnos. Tengo mucho sueño.
                Let's go to bed. I am very sleepy.

**tener suerte**            idiomatic         to be lucky
                            expression
                Ella tiene mucha suerte. Siempre gana premios.
                She's very lucky. She always wins prizes.

---

**terminar**   ter-mee-NAR   verb             to end, finish
                Yo termino              Nosotros terminamos
                Tú terminas             (Vosotros termináis)
                Él, Ella, Usted         Ellos, Ellas, Ustedes
                  termina                 terminan
                Si terminas pronto, salimos a jugar.
                If you finish quickly, we will go out to play.

---

**terrible**   te-RREE-ble   adjective                terrible
                Pasamos un susto terrible.
                We had a terrible scare.

---

**la tía**   TEE-a   noun, fem.                aunt
                La tía Juanita es muy bonita.
                Aunt Jane is very pretty.

---

**el tiempo**   TYEM-po   noun, masc.       time, weather
¿Qué tiempo hace hoy?
What kind of weather is it today?

**la tienda**   TYEN-da   noun, fem.     store, shop
En esa tienda no se venden flores.
That store doesn't sell flowers.

**la tierra**   TYE-rra   noun, fem.     earth, dirt
La planta necesita más tierra.
The plant needs more dirt.

**el tigre**   TEE-gre   noun, masc.     tiger
El tigre tiene la piel muy bonita.
The tiger has beautiful fur.

**las tijeras**   tee-JE-ras   noun, fem.     scissors
Dame las tijeras para cortar la cinta.
Give me the scissors to cut the ribbon.

**el timbre**   TEEM-bre   noun, masc.     bell
El timbre suena. Ya no hay tiempo.
The bell is ringing. There's no more time.

**el tío**   TEE-o   noun, masc.     uncle
El tío saúl es muy alto.
Uncle Saul is very tall.

**el tipo**   TEE-po   noun, masc.     type
No me gusta ese tipo de cuaderno.
I don't like that type of notebook.

**la tiza**   TEE-sa   noun, fem.     chalk
Usamos la tiza para escribir en la pizarra.
We use chalk to write on the board.

**la toalla**   to-A-lya, to-A-ya   noun, fem.     towel

Dame la toalla para secarme las manos.
Give me the towel so I can dry my hands.

---

**el tocadiscos**     noun, masc.          record player
  to-ka-DEES-kos

Vamos a escuchar la música en el tocadiscos.
Let's listen to the music on the record player.

---

**tocar**   to-KAR   verb                to play (instrument),
                                         to touch, to knock

Yo toco                 Nosotros tocamos
Tú tocas                (Vosotros tocáis)
Él, Ella, Usted         Ellos, Ellas, Ustedes
  toca                    tocan
Silvia toca el piano.
Sylvia plays the piano.

---

**todo**   TO-do   pronoun              everything
Él quiere todo.
He wants everything.

---

**todo**   TO-do   adjective, masc.     all, entire
  **toda**   (fem.)

Pepe se come toda la fruta.
Joey eats all the fruit.

---

**tomar**   to-MAR   verb               to take, to drink
Yo tomo                 Nosotros tomamos
Tú tomas                (Vosotros tomáis)

> Él, Ella, Usted     Ellos, Ellas, Ustedes
>    toma            toman
> ¿A qué hora tomas la medicina?
> What time do you take the medicine?

---

**el tomate**   to-MA-te    noun, masc.      tomato
> El tomate está maduro.
> The tomato is ripe.

---

**tonto**   TON-to    adjective, masc.      foolish
  **tonta**   (fem.)
> ¡Es una idea tonta!
> It is a foolish idea!

---

**la torre**   TO-rre    noun, fem.      tower, steeple
> La torre de la iglesia es muy alta.
> The church steeple is very high.

---

**la torta**   TOR-ta    noun, fem.      cake, tart
> La torta de chocolate está muy rica.
> The chocolate cake (tart) is very good.

---

**la tortuga**   tor-TU-ga    noun, fem.      turtle
> La tortuga duerme en su concha.
> The turtle sleeps in its shell.

---

**trabajar**   tra-ba-JAR    verb            to work
> Yo trabajo          Nosotros trabajamos
> Tú trabajas        (Vosotros trabajáis)
> Él, Ella, Usted    Ellos, Ellas, Ustedes
>    trabaja          trabajan
> Ellos trabajan en la fábrica.
> They work in the factory.

---

**el trabajo**   tra-BA-jo    noun, masc.      work
> ¿Qué trabajo hace tu papá?
> What work does your Dad do?

---

---

| **traer** | tra-ER | verb | to bring |
|---|---|---|---|
| | Yo traigo | | Nosotros traemos |
| | Tú traes | | (Vosotros traéis) |
| | Él, Ella, Usted | | Ellos, Ellas, Ustedes |
| | trae | | traen |

¿Quién va a traer los sandwiches?
Who is going to bring the sandwiches?

---

**el tráfico**    TRA-fee-ko    noun, masc.      traffic

A las cinco hay mucho tráfico.
At five o'clock there's a lot of traffic.

---

**el traje**    TRA-je    noun, masc.      suit

  **el traje de baño**               bathing suit

El señor lleva un traje de verano.
The man is wearing a summer suit.

---

**el trasatlántico**    noun, masc.      transatlantic ship
tra-sat-LAN-tee-ko

El trasatlántico sale a las nueve de la mañana.
The transatlantic ship leaves at nine in
   the morning.

---

| **tratar** | tra-TAR | verb | to try |
|---|---|---|---|
| | Yo trato | | Nosotros tratamos |
| | Tú tratas | | (Vosotros tratáis) |
| | Él, Ella, Usted | | Ellos, Ellas, Ustedes |
| | trata | | tratan |

Voy a tratar de brincar del árbol.
I am going to try to jump from the tree.

---

**treinta**    TRAYN-ta    adjective      thirty

El autobús tiene treinta asientos.
The bus has thirty seats.

---

---

**el tren**   TREN    noun, masc.         train
Mi tren eléctrico ya no anda.
My electric train doesn't run anymore.

---

**el trigo**   TREE-go    noun, masc.     wheat
Hay un campo de trigo cerca de la casa.
There is a field of wheat near the house.

---

**triste**   TREES-te    adjective        sad
El perro no quiere comer. Está muy triste.
The dog doesn't want to eat. He is very sad.

---

**el trompo**   TROM-po    noun, masc.      top
Este trompo es mi juguete favorito.
This top is my favorite toy.

---

**el trueno**   TRUE-no    noun, masc.     thunder
¿Oyes el trueno?
Do you hear the thunder?

---

# U

---

**último**   UL-tee-mo    adjective, masc.    last
**última**   (fem.)
Ésta es la última semana de vacaciones.
This is the last week of vacation.

---

**el último**   UL-tee-mo   pronoun      the last one
> No hay muchos duraznos. El último está en
> el refigerador.
> There aren't many peaches. The last one is in
> the refrigerator.

---

**un**   UN   article, masc.      a, an
  **una** (fem.)
> Quiero una manzana.
> I want an apple.

---

**único**   U-nee-ko   adjective, masc.      only
  **única** (fem.)
> Es el único chico en la clase.
> He is the only boy in class.

---

**la uña**   U-nya   noun, fem.      nail (finger)
  **la uña de los pies**      toenail
> ¡Qué uñas tan largas!
> What long nails!

---

**usar**   u-SAR   verb      to use

| | |
|---|---|
| Yo uso | Nosotros usamos |
| Tú usas | (Vosotros usáis) |
| Él, Ella, Usted | Ellos, Ellas, Ustedes |
| usa | usan |

> En nuestra clase de matemáticas usamos lápiz.
> We use pencils in our math class.

---

**usted**   us-TED   pronoun      you (formal)
  **usted mismo**   pronoun      you yourself
> Usted mismo tiene que hacer el trabajo.
> You yourself have to do the work.

---

**útil**   U-teel   adjective      useful
> Es útil saber dos lenguas.
> It is useful to know two languages.

**la uva**   U-ba   noun, fem.                    grape
                     A mi hermano le gustan las uvas.
                     My brother likes grapes.

---

# V

---

**las vacaciones**   ba-ka-SEEO-nes   noun, fem.   vacation
  **las vacaciones de verano**   noun, fem.   summer
                                                       vacation
                     Ya vienen las vacaciones de verano.
                     Summer vacation is nearly here.

---

**vaciar**   ba-SEEAR   verb                    to pour out, empty
                     Yo vacío              Nosotros vaciamos
                     Tú vacías             (Vosotros vaciáis)
                     Él, Ella, Usted       Ellos, Ellas, Ustedes
                       vacía                 vacían
                     Voy a vaciar esta caja.
                     I am going to empty this box.

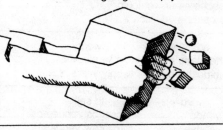

---

**la vainilla**   baee-NEE-lya,   noun, fem.        vanilla
                  baee-NEE-ya
                     Mamá le pone vainilla al postre.
                     Mother puts vanilla in the dessert.

---

**valiente**   ba-LYEN-te   adjective              brave, valiant
                     El soldado es valiente.
                     The soldier is brave.

---

151

---

**vamos a**  BA-mo-sa     idiomatic       Let's
                          expression
        Vamos a nadar.
        Let's swim.

---

**varios**  BA-reeos   adjective, masc.      several, various
**varias**  (fem.)
        Hay varios juegos en el parque.
        There are several games at the park.

---

**el vaso**  BA-so   noun, masc.           glass (drinking)
        ¿Quieres un vaso de jugo?
        Do you want a glass of juice?

---

**el vegetal**  be-je-TAL   noun, masc.      vegetable
        La lechuga y las papas son vegetales.
        Lettuce and potatoes are vegetables.

---

**el vehículo**  be-EE-ku-lo   noun, masc.     vehicle
        El coche es un vehículo.
        The car is a vehicle.

---

**veinte**  BAYN-te   adjective            twenty
        Mi hermano mayor tiene veinte años.
        My oldest brother is twenty years old.

---

**vender**  ben-DER   verb                  to sell
        Yo vendo              Nosotros vendemos
        Tú vendes             (Vosotros vendéis)
        Él, Ella, Usted       Ellos, Ellas, Ustedes
        vende                 venden
        Aquí no venden dulces.
        They don't sell candy here.

---

**venir**  be-NEER   verb                   to come
        Yo vengo              Nosotros venimos
        Tú vienes             (Vosotros venís)

152

Él, Ella, Usted    Ellos, Ellas, Ustedes
    viene               vienen
¿Cuándo vienen ustedes a visitarnos?
When are you coming to visit us?

---

**la ventana**  ben-TA-na    noun, fem.    window
El sol entra por la ventana.
The sun is coming in through the window.

---

**ver**  BER    verb               to see
Yo veo             Nosotros vemos
Tú ves            (Vosotros veis)
Él, Ella, Usted    Ellos, Ellas, Ustedes
   ve              ven
Yo no veo a nadie.
I don't see anyone.

**ver otra vez**    verb          to see again
¿Quiere usted ver los retratos otra vez?
Do you want to see the pictures again?

---

**el verano**  be-RA-no    noun, masc.    summer
Nosotros nadamos mucho en el verano.
We swim a lot in summer.

---

**verde**  BER-de    adjective       green
La hierba es verde.
Grass is green.

---

153

---

**verídico**   be-REE-dee-ko    adjective, masc.      true
  **verídica** (fem.)

> No es un cuento. Es una historia verídica (verdadera).
> It is not a tale. It is a true story.

---

**el vestido**   bes-TEE-do    noun, masc.    dress, suit
> ¡Qué bonito vestido!
> What a pretty dress!

---

**vestirse**   bes-TEER-se    verb      to dress oneself

| | |
|---|---|
| Yo me visto | Nosotros nos vestimos |
| Tú te vistes | (Vosotros os vestís) |
| Él, Ella, Usted se viste | Ellos, Ellas, Ustedes se visten |

> Ellos se visten para la fiesta.
> They are dressing for the party.

---

**viajar**   beea-JAR    verb      to travel

| | |
|---|---|
| Yo viajo | Nosotros viajamos |
| Tú viajas | (Vosotros viajáis) |
| Él, Ella, Usted viaja | Ellos, Ellas, Ustedes viajan |

> Vamos a viajar en coche a California.
> We are going to travel by car to California.

---

**el viajero**   beea-JE-ro    noun, masc.    traveler
> El viajero va de pueblo en pueblo.
> The traveler is going from town to town.

SANTA FE

---

---

**la víbora**  BEE-bo-ra    noun, fem.         snake
Hay un museo de víboras en el zoológico.
There is a snake museum at the zoo.

---

**viernes**  BYER-nes    noun, masc.         Friday
Los viernes vamos al juego de fútbol.
We go to the football game on Fridays.

---

**la violeta**  beeo-LE-ta    noun, fem.         violet
La violeta es una flor morada.
The violet is a purple flower.

---

**el violín**  beeo-LEEN    noun, masc.         violin
Yo sé tocar el violín.
I know how to play the violin.

---

**el vino**  BEE-no    noun, masc.         wine
El vino viene de la uva.
Wine comes from grapes.

---

**visitar**   bee-see-TAR    verb         to visit
Yo visito                    Nosotros visitamos
Tú visitas                   (Vosotros visitáis)
Él, Ella, Usted              Ellos, Ellas, Ustedes
  visita                         visitan
Yo quiero visitar a mis amigos en la Argentina.
I want to visit my friends in Argentina.

---

**la vista**  BEES-ta    noun, fem.         view
Es una vista hermosa.
It is a beautiful view.

---

**vivir**   bee-BEER    verb         to live
Yo vivo                      Nosotros vivimos
Tú vives                     (Vosotros vivís)
Él, Ella, Usted              Ellos, Ellas, Ustedes
  vive                           viven

Yo vivo en San Antonio, Texas
¿Dónde vive usted?
I live in San Antonio, Texas. Where do you live?

---

| **volcar** | bol-KAR | verb | to turn over |
|---|---|---|---|

Yo vuelco          Nosotros volcamos
Tú vuelcas         (Vosotros volcáis)
Él, Ella, Usted      Ellos, Ellas, Ustedes
    vuelca               vuelcan
Una vez nos volcamos en un accidente de coche.
Once we turned over in a car accident.

---

| **volver** | bol-BER | verb | to return, go back |
|---|---|---|---|

Yo vuelvo          Nosotros volvemos
Tú vuelves        (Vosotros volvéis)
Él, Ella, Usted      Ellos, Ellas, Ustedes
    vuelve             vuelven
Nosotros volvemos a casa a las tres y media.
We return home at three thirty.

| **volver al revés** | verb | to turn upside-down, to turn inside-out |
|---|---|---|

No vuelvan el cuarto al revés.
Don't turn the room upside-down.

---

| **la voz** | BOS | noun, fem. | voice |
|---|---|---|---|

El maestro tiene una voz fuerte.
The teacher has a strong voice.

---

| **la vuelta** | BUEL-ta | noun, fem. | turn |
|---|---|---|---|

El chófer da una vuelta a la derecha.
The chauffeur makes a right turn.

---

# Y

---

| **y** | EE | conjunction | and |
|---|---|---|---|

Raúl y Roberto se divierten juntos.
Raul and Robert have fun together.

---

---

**ya**   YA   adverb                              already
> Ya tengo el dinero para el boleto.
> I already have the money for the ticket.

---

**yo**   YO   pronoun
> Yo voy contigo.
> I'll go with you.

---

# Z

---

**la zanahoria**   sa-na-O-reea   noun, fem.   carrot
> ¿Te gustan las zanahorias?
> Do you like carrots?

---

**el zapato**   sa-PA-to   noun, masc.   shoe
> Voy a comprar zapatos blancos.
> I'm going to buy white shoes.

---

**el zoológico**   so-o-LO-jee-ko   noun, masc.   zoo
> Vamos a pasar todo el día en el parque zoológico.
> We're going to spend all day at the zoo.

---

**el zorro**   SO-rro   noun, masc.   fox
**la zorra**   (fem.)
> El zorro es un animal astuto.
> The fox is a cunning animal.

---

# CLAVE DE PRONUNCIACIÓN INGLÉS

**(para los de habla española)**

## NOTAS

1. Hay algunos sonidos en inglés que no existen en español.
2. En general, los vocales en inglés son muy cortas.
3. Cuando se indica que un sonido inglés suena algo como un sonido español, es una aproximación . . . no es exacto.

## CONSONANTES

| La ortografía inglesa | Símbolo fonémico | Suena algo como la palabra española |
|---|---|---|
| b | b | burro |
| c | k | casa |
|  | s | cena |
| ch, tch | ch | charla |
| d | d | diente |
| f | f | frío |
| g | g | gana |
|  | zh | — |
| h, wh | h | dirigir |
| j, dge | dj | — |
| k | k | casa |
| l | l | leche |
| m | m | madre |
| n | n | niño |
| ng | ng | — |
| p | p | padre |
| qu | kw | — |
| r | r | cantar |
| s | s | ciudad |
| sh, tion | sh | — |
| t | t | tía |
| v | v | vaya |
| w | w | — |
| wh | wh, h | — |
| x | ks, gs | — |
| y | y | desayuno |
| z, s | z | zoológico |
| th | th | — (como cero en castellano) |
| th (voiced) | th | — |

## VOCALES

| La ortografía inglesa | Ejemplo en inglés | Símbolo fonémico | Suena algo como la palabra española |
|---|---|---|---|
| a<br>e<br>u | but | ø | — (sonido muy corto) |
| a | cat | a | — (sonido muy corto) |
| a<br>o | cot | a<br>a | la |
| a<br>ay | play | ei | seis (muy corto) |
| a<br>ah | father | ah | — |
| ai | air | ehr | — |
| e | get | e | español |
| ee<br>ea | feet | i | si |
| i | hit | i | — (sonido muy corto) |
| i<br>uy | buy | ai | aire |
| o<br>oa<br>ow | boat | oh | boca |
| oo<br>u<br>ou | boot | u | lunes |
| oy | boy | oi | voy |
| au, ough,<br>o, augh | order | aw | cortar |
| ur | curtain | ur | — |
| ow, ou, ough | how | ow | auto (muy corto) |
| u, oo | book | auh | — |

# ENGLISH-SPANISH
# INGLÉS-ESPAÑOL

# A

**a**  ∉  artículo                          un (masc.), una (fem.)
There is a nest in the tree.
Hay un nido en el árbol.

**able to,**
**can** KAN     verbo                      poder
I can carry this trunk.
Yo puedo cargar (llevar) este baúl.

**above all**  ∉-bév AWL   expresión        sobre|todo
idiomática
I like fruit — above all — peaches.
Me gusta la fruta, sobre|todo los duraznos.

**absent** .AB-sént   adjetivo             ausente
Margaret is absent today.
Margarita está ausente hoy.

**according to**  ∉-KAWR-ding-té  expresión   según
idiomática
According to my cousin, it is going to snow
next week.
Según mi prima, va a nevar la semana próxima.

**to be acquainted with**  ∉-KWEIN-téd   verbo   conocer
Are you acquainted with my friend?
¿Conoces a mi amiga?

---

**to do addition,** ∉-DI-sh∉n verbo sumar
**to add**

We learn to do addition in school.
Aprendemos a sumar en la escuela.

---

**address** ∉-DRES nombre la dirección

What is his address?
¿Cuál es su dirección?

---

**(no) admittance** expresión prohibido entrar, no
noh ad-MIT-ns idiomática hay entrada

The little girl stops when she sees the words:
"No admittance."
La niña se detiene cuando ve las palabras:
"Prohibido entrar."

---

**adventure** ad-VEN-ch∉r nombre la aventura

I like to read the adventures of Cinderella.
Me gusta leer las aventuras de la Cenicienta.

---

**afraid,** ∉-FREID expresión tener miedo
**to be afraid** idiomática

Are you afraid of the lion?
¿Le tienes miedo al león?

---

**after** AF-t∉r preposición después

October is the month after September.
Octubre es el mes después de septiembre.

---

---

**afternoon**  af-ter-NUN       nombre        la tarde
It is 5:00 o'clock in the afternoon.
Son las cinco de la tarde.

---

**again**  ǝ-GEN       adverbio           otra vez
Sing the song again.
Cante la canción otra vez.

   **once again**  wǝns ǝ-GEN     expresión       una vez más
                                   idiomática
   Wash the spoon once again.
   Lava la cuchara una vez más.

---

**against**  ǝ-GENST      preposición       contra
He is putting the map against the wall.
Pone el mapa contra la pared.

---

**age**  EIDJ       nombre              la edad
He's big for his age.
Es grande para su edad.
What's your age? (How old are you?)
   I'm seventeen.
¿Cuántos años tiene usted?
   Tengo diecisiete años.

---

**(don't you agree?)**      expresión       ¿No?
   dohnt yu ǝ-GRI       idiomática
                    My aunt is beautiful, don't you agree?
                    Mi tía es bella ¿no?

   **agreed (all right, O.K.)**    interjección       de acuerdo
                    Shall we leave? Agreed!
                    ¿Nos vamos? ¡De acuerdo!

---

**to aid**  EID       verbo              ayudar
Charles helps his cousin carry the clothes.
Carlos ayuda a su prima a llevar la ropa.

---

---

**airplane**   EHR-PLEIN   nombre          el avión
Two airplanes are flying over the city.
Dos aviones vuelan sobre la ciudad.

**by airmail**         expresión          por avión
                       idiomática

**by airplane**        adverbio      en avión
I take a trip by airplane.
Yo hago un viaje en avión.

**jet airplane**       nombre          el avión (de propulsión)
                                        a chorro
The jet airplane flies from Lima to New York.
El avión (de propulsión) a chorro vuela de Lima
a Nueva York.

**airplane pilot**     nombre          el piloto de avión
The airplane pilot flies the airplane.
El piloto (del avión) conduce el avión.

**(airline) stewardess**   nombre   la aeromoza, la camarera
                                        de bordo
My neighbor is a stewardess (airline).
Mi vecina es aeromoza.

---

**airport**  EHR-pawrt   nombre          el aeropuerto
My uncle works at the airport.
Mi tío trabaja en el aeropuerto.

---

**alarm clock**  ¢-LAHRM KLAK    nombre      el despertador

The alarm clock rings at 7:00 o'clock.
El despertador suena a las siete.

---

**alike**　ǝ-L**AI**K　　adjetivo　　　　　　igual, parecido (masc.),
　　　　　　　　　　　　　　　　　　　　　parecida (fem.)
The parakeets are alike.
Los pericos son iguales.

---

**aloud**　ǝ-L**OW**D　　adverbio　　　　　　en voz alta
I am reading the story aloud.
Leo el cuento en voz alta.

---

**all**　A**W**L　　adjetivo　　　　　　todo (masc.), toda (fem.)
I put all the vegetables in the refrigerator.
Pongo todas las legumbres en la refrigeradora.

　**all over**　　　adverbio　　　　por donde quiera,
　　　　　　　　　　　　　　　　　por todas partes
I look all over for my top.
Busco mi trompo por todas partes.

　**all right**　　　interjección　　　bien
Are you coming with me? All right! I'll go with you.
¿Vienes conmigo? Bien. Voy contigo.

---

**almost**　awl-M**OH**ST　　adverbio　　　casi
It is almost ten o'clock.
Casi son las diez.

---

**alone**　ǝ-L**OH**N　　adjetivo　　　solo (masc.), sola (fem.)
I am alone in the kitchen.
Estoy sola en la cocina.

---

**alphabet**　AL-fa-bet　　nombre　　　el alfabeto
Do you know the letters of the alphabet?
¿Sabes las letras del alfabeto?

---

**already**　awl-RE-di　　adverbio　　　ya
Is it already dinner time?

¿Ya es la hora de la comida?

---

**also**   AWL-soh    adverbio        también
I also have a plant!
¡Yo también tengo una planta!

---

**always**   AWL-weiz    adverbio      siempre

The leaves always change color in autumn.
Las hojas siempre cambian de color en el otoño.

---

**ambulance**   AM-byu-lans    nombre    la ambulancia
The ambulance is at the hospital.
La ambulancia está en el hospital.

---

**American**   ø-MER-i-køn    adjetivo      americano (masc.),
                                                    americana (fem.)
It is an American camera.
Es una cámara americana.

---

**amusing**   ø-MYUZ-ing    adjetivo      divertido (masc.),
                                                  divertida (fem.)

The bear is amusing.
El oso es divertido.

---

**an**   AN    artículo          un (masc.), una (fem.)
I am wearing an apron.
Llevo un delantal.

---

**and**  AND  conjunción          y
          Marian and her cousin play together.
          Mariana y su prima juegan juntas.

**angry**  ANG-gri  adjetivo          enojado (masc.),
                                       enojada (fem.)
          Mother is angry because I make a lot of noise.
          Mamá está enojada porque hago mucho ruido.

**animal**  AN-i-mǿl  nombre          el animal
          The elephant is a large animal.
          El elefante es un animal grande.

**anniversary**  an-i-VUR-sǿr-i  nombre          el aniversario
          Today is my parents' anniversary.
          Hoy es el aniversario de mis padres.

**annoyed**  ǿ-NOID  adjetivo          molesto (masc.),
                                        molesta (fem.)
          Dad is annoyed because I play with the cat.
          Papa está molesto porque juego con el gato.

**another**  ǿ-NETH-ǿr  adjetivo   otro (masc.), otra (fem.)
          Here is another piece of bread.
          Aquí hay otro pedazo de pan.

**answer**  AN-sǿr  nombre          la respuesta
          I write the correct answer on the blackboard.
          Escribo la respuesta correcta en la pizarra.

  **to answer, to reply**  verbo          responder
          The little girl answers the question.
          La niña responde a la pregunta.

**ant**  ANT  nombre          la hormiga
          There are so many ants!
          ¡Hay tantas hormigas!

---

**(television) antenna**    nombre        la antena de televisión
  TEL-∅-v<u>i</u>-zh∅n an-TE-na
        Where is the television antenna?
        ¿Dónde está la antena de televisión?

---

**any**   EN-i   adjetivo                     cualquier (masc.),
                                     cualquiera (fem.)
        Any day you want to come is all right with me.
        Cualquier día que quieras venir está bien
        conmigo.

---

**apartment**   ∅-PART-m∅nt   nombre       el apartamento,
                                     el departamento
        My apartment is on the ground floor.
        Mi apartamento está en la planta baja.

---

**appearance**   ∅-PIR-∅ns   nombre        la apariencia,
                                     la presentación
        The cow does not have a ferocious appearance.
        La vaca no tiene una apariencia feroz.

---

**appetite**   AP-∅-T<u>AI</u>T   nombre        el apetito
        He eats with a hearty appetite.
        Come con mucho apetito.

---

**apple**   AP-∅l   nombre                la manzana
        Do you eat an apple every day?
        ¿Te comes una manzana todos los días?

---

**apricot**   A-pr<u>i</u>-k<u>a</u>t   nombre        el chabacano,
                                     el albaricoque

Is the apricot ripe?
¿Está maduro el chabacano?

---

**April**   El-prøl    nombre           el abril
There are thirty days in April.
Hay treinta días en abril.

---

**apron**   El-prøn    nombre        el delantal
Mom wears an apron when she prepares dinner.
Mamá lleva delantal cuando prepara la comida.

---

**aquarium**   ø-KWEHR-i-øm    nombre    el acuario
There is a turtle in the aquarium.
Hay una tortuga en el acuario.

---

| **How are you**? | expresión | ¿Cómo está usted? |
| how AHR yu | idiomática | ¿Cómo estás tú? |

| **aren't you**? | expresión | ¿No? |
| | idiomática | |

You are leaving tomorrow, aren't you?
Se va usted mañana ¿no?

---

**arm**   AHRM    nombre           el brazo
The baby raises his arm.
El niño levanta el brazo.

---

**armchair**   AHRM-chehr    nombre     el sillón
The armchair is comfortable.
El sillón es cómodo.

---

**army**   AHR-mi    nombre          el ejército
Soldiers in the army carry guns.
Los soldados en el ejército llevan armas de fuego.

---

**around**   ø-ROWND    adverbio      alrededor
Can you take a trip around the world in
    eighty days?

¿Puedes hacer un viaje alrededor del mundo en ochenta días?

---

**to arrange**  ǝ-REINDJ  verbo  arreglar
The woman is arranging the flowers.
La mujer arregla las flores.

---

**to arrest**  ǝ-REST  verbo  arrestar
Help! Arrest the thief!
¡Socorro! ¡Arresten a ese ladrón!

---

**to arrive**  ǝ-R<u>AI</u>V  verbo  llegar
The fireman arrives at 2 o'clock.
El bombero llega a las dos.

---

**artist**  AHR-<u>t</u>ist  nombre  el artista
Do you know an artist?
¿Conoces a un artista?

---

**as**  AZ  preposición  como
As it is his birthday, he is wearing new clothes.
Como es su compleaños, lleva ropa nueva.
He's going to the party as Cantinflas.
Va a la fiesta como Cantinflas.

---

**to be ashamed**  expresión  tener vergüenza,
ǝ-SHEIMD  idiomática  avergonzarse
She is ashamed because she is crying.
Se avergüenza porque está llorando.

---

**to ask**  ASK  verbo  preguntar; pedir
The boy asks: "What is today's date?"
El chico pregunta: "¿Cuál es la fecha de hoy?"
The boy asks for money.
El chico pide dinero.

---

**astronaut**  AS-trǝ-n<u>aw</u>t  nombre  el astronauta
The astronaut is courageous.

El astronauta es valiente.

---

**at**   AT   preposición                          en
         He is at home.
         Él está en casa.

---

**to attend (to go)**   ∉-TEND   verbo         asistir
         He attends a baseball game.
         Él asiste a un juego de béisbol.

---

**Pay attention!**     expresión         Ponga atención, Pon
PEI ∉-TEN-shen   idiomática              atención (see poner)
         This is a difficult lesson. Pay attention!
         Es una lección difícil. ¡Ponga atención!

---

**August**   AW-g∉st   nombre                    el agosto
         My birthday is August 13.
         Mi cumpleaños es el trece de agosto.

---

**aunt**   ANT   nombre                           la tía
         My aunt is a doctor.
         Mi tía es doctora.

---

**auto, car**   AW-toh   nombre              el auto, el coche
         My neighbor drives a car.
         Mi vecino conduce un auto.

---

**autumn**   AW-t∉m   nombre                  el otoño
         September is a month of autumn.
         Septiembre es un mes de otoño.

---

---

**avenue**   AV-ø-nyu   nombre      la avenida
I like to take a walk on the avenue.
Me gusta dar un paseo en la avenida.

---

**right away**   rait ø-WEI   expresión     en seguida
idiomática
I am going to take a bath right away.
Voy a bañarme en seguida.

# B

---

**baby**   BEI-bi   nombre       el bebé
The baby doesn't want to eat.
El bebé no quiere comer.

**baby carriage**   nombre      el coche (del bebé)
The baby is not in the baby carriage.
El bebé no está en el coche.

---

**back**   BAK   nombre       la espalda
He is hitting me on the back!
¡Me está golpeando en la espalda!

**to give back**   verbo      devolver
I give the drum back to my friend.
Le devuelvo el tambor a mi amigo.

---

**bad**   BAD   adjetivo      malo (masc.)
mala (fem.)
The child is bad.
El niño es malo.
The weather is bad.
El tiempo está malo.

**Too bad!**   expresión     ¡Qué lástima!
idiomática
Too bad! I am sick.
¡Qué lástima! Estoy enfermo.

---

**bag**   BAG   nombre            la bolsa
Here is a bag of oranges.
Aquí hay una bolsa de naranjas.

**baggage**   BAG-idj   nombre     el equipaje
Where is the baggage?
¿Dónde está el equipaje?

**baker**   BEI-ker   nombre       el panadero
The baker sells bread.
El panadero vende pan.

**bakery**   BEI-ke-ri   nombre     la panadería
The baker is in the bakery.
El panadero está en la panadería.

**ball**   BAWL   nombre         la pelota
The ball is black and white.
La pelota es negra y blanca.

  **(to play) ball**       expresón     jugar a la pelota
                           idiomática

**balloon**   be-LUN   nombre     el globo
The balloon is light.
El globo es ligero.

**banana**   be-NAN-e   nombre    el plátano, la banana
The monkey is eating a banana.
El mono está comiendo un plátano.

---

**bank**   BANK     nombre            el banco
Where is the bank located?
¿Dónde se encuentra el banco?

---

**baseball**   BEIS-bawl    nombre      el béisbol
Let's play baseball.
Vamos a jugar al béisbol.

---

**basement**   BEIS-ment    nombre     el sótano
The basement is below the living room.
El sótano está debajo de la sala.

---

**basket**   BAS-kit    nombre          la cesta
                                       el cesto
There are many papers in the basket.
Hay muchos papeles en la cesta.

---

**basketball**   BAS-kit-bawl    nombre     el básquetbol
Do you know how to play basketball?
¿Sabes jugar al básquetbol?

---

**bath**   BATH    nombre           el baño
I take my bath at nine o'clock in the evening.
Yo tomo mi baño a las nueve de la noche.

**to take a bath**    expressión        bañarse
                     idiomática

**bathroom**         nombre       el cuarto de baño
There is a shower in the bathroom.
Hay una ducha en el cuarto de baño.

**sunbath**            nombre               el baño de sol
She takes a sunbath on the roof of the house.
Ella toma un baño de sol en el techo de la casa.

**bathing suit**       nombre               el traje de baño
I wear a bathing suit at the beach.
Yo llevo traje de baño en la playa.

---

**to be**  BI     verbo                estar, tener, ser
I am                                 we are
he, she, it is                       you, they are

I am seated.
Yo estoy sentado. (estar)
I am right.
Yo tengo razón. (tener)
I am a girl.
Soy niña (ser)

---

**beach**  BICH   nombre               la playa
Can you go to the beach?
¿Puedes ir a la playa?

---

**beak**  BIK     nombre               el pico
The parrot's beak is big.
El pico del loro es grande.

---

**bear**  BEHR    nombre               el oso
The bear is seated in the water.
El oso está sentado en el agua.

---

**beard**  BIRD   nombre               la barba
The president does not have a beard.
El presidente no tiene barba.

---

**beast**  BIST   nombre               la bestia, el animal
The tiger is a wild beast.
El tigre es una bestia salvaje.

---

---

**beautiful**   BYU-tø-føl   adjetivo     bello (masc.)
                                         bella (fem.)
                                         hermoso (masc.)
                                         hermosa (fem.)

         The queen is beautiful.
         La reina es bella.

---

**because**   bi-KAWZ   conjunción     porque
         I am not going to the pool because I do not have
           a bathing suit.
         Yo no voy a la piscina porque no tengo traje
           de baño.

    **because of**      expressión        a causa de
                  idiomática
         I have to stay in bed because of my cold.
         Tengo que quedarme en cama a causa
         del resfriado.

---

**to become**   bi-KEM   verbo        hacerse, volverse
         He would like to become a fireman.
         Le gustaría hacerse bombero.

---

**bed**   BED   nombre             la cama
         I am in my bed.
         Estoy en mi cama.

    **to go to bed**     verbo           acostarse
         She is tired; she is going to bed.
         Ella está cansada; va a acostarse.

    **bedroom**        nombre        la recámara, la alcoba
                                           el dormitorio
         There is a bed in the bedroom.
         Hay una cama en la recámara.

---

**bee**   BI   nombre             la abeja
         The bee is dangerous.

La abeja es peligrosa.

---

**beefsteak**  BIF-steik   nombre        el bistek
Do you like beefsteak?
¿Le gusta el bistek?

**roast beef**   nombre         el rósbif
The roast beef is delicious.
El rósbif está delicioso.

---

**before**  bi-FAWR   adverbio        antes
My brother comes home before my sister.
Mi hermano llega a casa antes que mi hermana.

---

**to begin**  bi-GIN   verbo        comenzar, empezar
The film is beginning.
La película comienza.

---

**to behave**  bi-HEIV   verbo       portarse
The children are not behaving well.
Los niños no se portan bien.

---

**behind**  bi-HAIND   adverbio       detrás (de)
The cat is behind the sofa.
El gato está detrás del sofá.

---

**to believe**  bi-LIV   verbo        creer
She believes that it is lunchtime.
Ella cree que es la hora de almorzar.

---

---

**bell**  BEL  nombre                          la campana
>     The bell is ringing.
>     La campana suena.

  **doorbell**  nombre                     el timbre
>     There is a doorbell near the door.
>     Hay un timbre cerca de la puerta.

---

**belt**  BELT  nombre                      el cinturón, la faja,
>     He is wearing a belt.              el cinto
>     El lleva cinturón.

---

**better**  BET-er  adjetivo              mejor
>     The airplane is better than the train.
>     El avión es mejor que el tren.

---

**between**  bi-TWIN  preposición       entre
>     What is the month between April and June?
>     ¿Cuál es el mes entre abril y junio?

---

**bicycle,**  BAI-sik-el  nombre         la bicicleta
**bike**  BAIK
>     Edward goes to the park on a bicycle.
>     Eduardo va al parque en bicicleta.

  **to ride a bicycle**  expresión          montar en bicicleta,
>                        idiomática          andar en bicicleta
>     Do you know how to ride a bicycle?
>     ¿Sabes montar en bicicleta?

---

**big**  BIG  adjetivo                    grande
>     The giant is very big.
>     El gigante es muy grande.

---

**bigger**  BIG-ger  adverbio            más grande que
>     My pencil is bigger than your pencil!
>     ¡Mi lápiz es más grande que tu lápiz!

---

**bike**  (See **bicycle**)

**bill (of money)**   B<u>I</u>L   nombre     el billete
Here is a ten-dollar bill.
Aquí hay un billette de diez dólares.

**bird**   B<u>UR</u>D   nombre     el pájaro
The bird is in the tree.
El pájaro está en el árbol.

**birthday**   B<u>UR</u>TH-dei   nombre     el cumpleaños,
                                           la fiesta
My birthday is Friday.
Mi cumpleaños es el viernes.

  **Happy birthday!**   expresión     ¡Feliz cumpleaños!
                           idiomática

**to bite**   B<u>AI</u>T   verbo     picar (insects);
                                         morder
Do flies bite?
¿Pican las moscas?

**black**   BLAK   adjetivo     negro (masc.)
                                         negra (fem.)
He has black hair.
Tiene el pelo negro.

**blackboard**   BLAK-b<u>aw</u>rd   nombre   la pizarra
**(chalkboard)**

I am drawing a tree on the blackboard.
Estoy dibujando un árbol en la pizarra.

---

**blanket**   BLANG-kit    nombre        la cobija
I am under the blanket.
Estoy debajo de la cobija.

---

**blind**   BLAIND    adjetivo          ciego (masc.)
                                          ciega (fem.)
The old lion is blind.
El león viejo es ciego.

**to play blind-man's**    expresión    jugar a la gallina
   **buff**                   idiomática    ciega
They are playing blind-man's buff.
Ellos juegan a la gallina ciega.

---

**blond**   BLAND    adjetivo          rubio (masc.)
                                          rubia (fem.)
She has blond hair.
Tiene el pelo rubio.

---

**blood**   BLED    nombre          la sangre
Blood is red.
La sangre es roja.

---

**blow**   BLOH    nombre          el golpe
He gives me a blow on the shoulder
Me da un golpe en el hombro.

---

| | | | |
|---|---|---|---|
| **blue** | BLU | adjetivo | azul |

The sea is blue.
El mar es azul.

| | | | |
|---|---|---|---|
| **boat** | BOHT | nombre | el barco |

I see a boat in the ocean.
Veo un barco en el océano.

| | | | |
|---|---|---|---|
| **book** | BAUHK | nombre | el libro |

The book is on the radio.
El libro está sobre el radio.

| | | | |
|---|---|---|---|
| **boot** | BUT | nombre | la bota |

Where are my boots?
¿Dónde están mis botas?

| | | | |
|---|---|---|---|
| **to be bored** | BAWRD | verbo | aburrirse |

I am bored when it rains.
Me aburro cuando llueve.

| | | | |
|---|---|---|---|
| **born** | BAWRN | adjetivo | nacido (masc.), nacida (fem.) |

Born in Mexico, my father now lives in the United States.
Nacido en México, mi padre vive ahora en los Estados Unidos.

| | | | |
|---|---|---|---|
| **to be born** | | expresión idiomática | nacer |

| | | | |
|---|---|---|---|
| **to borrow** | BAR-oh | verbo | prestar |

May I borrow a pen?
¿Me prestas una pluma?

| | | | |
|---|---|---|---|
| **bottle** | BAT-l | nombre | la botella |

Milk is in the bottle.
La leche está en la botella.

| | | | |
|---|---|---|---|
| **bowl** | BO̲HL | nombre | el sopero, |
| | | | el plato hondo, |
| | | | la sopera |

Here is a bowl of rice.
Aquí hay un sopero de arroz.

| | | | |
|---|---|---|---|
| **box** | BA̲KS | nombre | la caja |

There is candy in the box.
Hay dulces en la caja.

| | | | |
|---|---|---|---|
| **boy** | BO̲I | nombre | el muchacho, |
| | | | el chico, el niño |

The boy is playing with his brother.
El muchacho está jugando con su hermano.

| | | | |
|---|---|---|---|
| **branch** | BRA̲NCH | nombre | la rama |

The branch of the tree has many leaves.
La rama del árbol tiene muchas hojas.

| | | | |
|---|---|---|---|
| **bread** | BRED | nombre | el pan |

The bread is on the table?
¿El pan está en la mesa?

| | | | |
|---|---|---|---|
| **to break** | BREIK | verbo | romper |

I don't want to break the glass.
No quiero romper el vaso.

| | | | |
|---|---|---|---|
| **breakfast** | BREK-føst | nombre | el desayuno |

I have orange juice for breakfast.
Yo tomo jugo de naranja para el desayuno.

| | | | |
|---|---|---|---|
| **bridge** | BRI̲DJ | nombre | el puente |

We cross the bridge by car.
Nosotros cruzamos el puente en auto.

| | | | |
|---|---|---|---|
| **briefcase** | BRIF-keis | nombre | el portafolio |

I put my books into my briefcase.
Pongo mis libros en el portafolio.

---

**to bring**  BR<u>I</u>NG    verbo                    traer
I am bringing some sandwiches for the picnic.
Yo traigo sandwiches para el día de campo.

---

**broad**  BR<u>AW</u>D    adjetivo                ancho (masc.)
ancha (fem.)

The table is broad.
La mesa es ancha.

---

**broom**  BR<u>U</u>M    broom                la escoba
Give me the broom, please.
Dame la escoba, por favor.

---

**brother**  BR<u>E</u>TH-ər    nombre            el hermano
How many brothers do you have?
¿Cuántos hermanos tienes tú?

---

**brown**  BR<u>OW</u>N    adjetivo            color café, marrón,
castaño (masc.),
castaña (fem.)

I have brown eyes.
Tengo los ojos color café.
The wall is brown.
La pared es marrón.
She has brown hair.
Tiene el pelo castaño.

---

**brush**  BR<u>E</u>SH    nombre            el cepillo
The man has the brush.
El hombre tiene el cepillo.

| **hairbrush** | nombre | el cepillo de pelo |
| **toothbrush** | nombre | el cepillo de dientes |
| **to brush** | verbo | cepillarse |

He is brushing his hair.
El se cepilla el pelo.

---

**bucket** BƏK-it    nombre    la cubeta, el cubo
I put shells in the bucket.
Pongo las conchas en la cubeta.

---

**building** BIL-ding    nombre    el edificio
Our school has three buildings.
Nuestra escuela tiene tres edificios.

---

**burglar** BUR-glər    nombre    el ladrón
**(thief)**    The burglar is cunning.
El ladrón es astuto.

---

**to burn** BURN    verbo    quemar
The man is burning papers in the fireplace.
El hombre está quemando papeles en la
    chimenea.

---

**bus** BƏS    nombre    el autobús, el camión
(de pasajeros)

We are going to the museum by bus.
Vamos al museo en autobús.

---

**busy** BIZ-i    adjetivo    ocupado (masc.)
ocupada (fem.)

My father is always busy.
Mi padre siempre está ocupado.

---

**but**  B*E*T    conjunción                    pero
Laura wants to go to the circus, but she doesn't
have any money.
Laura quiere ir al circo pero no tiene dinero.

---

**butcher**  BAUHCH-*er*    nombre       el carnicero
The butcher is in the butcher shop.
El carnicero está en la carnicería.

  **butcher shop**    nombre              la carnicería
The woman buys meat in the butcher shop.
La mujer compra carne en la carnicería.

---

**butter**  B*E*T-*er*    nombre              la mantequilla
Butter is yellow.
La mantequilla es amarilla.

---

**button**  B*E*T-*en*    nombre           el botón
The button is made of wood.
El botón está hecho de madera.

---

**to buy**  B*AI*    verbo                 comprar
I would like to buy an orange.
Me gustaría comprar una naranja.

---

**by**  B*AI*    preposición            por, en, a través
My brother goes to work by subway.
Mi hermano se va al trabajo en el metro.

  **by air**          expresión              en avión
                      idiomática             (See **airplane**)

  **by car**          expresión              en auto (See **car**)
                      idiomática

  **by airmail**      expresión              por avión
                      idiomática

---

187

# C

**cabbage**   KAB-idj   nombre        el repollo, la col
Do you like cabbage?
¿Te gusta el repollo?

---

**cafe**   ka-FEI   nombre         el café
The cafe is located on the avenue.
El café se encuentra en la avenida.

---

**cake**   KEIK   nombre          la torta
Mom makes a pretty cake for me.
Mamá prepara una bonita torta para mí.

---

**calendar**   KAL-en-der   nombre   el calendario
The calendar is on the wall.
El calendario está en la pared.

---

**to call**   KAWL   verbo          llamar
Frederick calls his friend.
Federico llama a su amigo.

**to be called**   expresión          llamarse
idiomática
He is called (his name is) Frank.
El se llama Francisco.

---

**calm**   KAHM   adjetivo        tranquilo (masc.)
                                tranquila (fem.)
The ocean is calm today.
El océano está tranquilo hoy.

---

**camera**   KAM-rø   nombre        la cámara
Anthony is carrying a camera.
Antonio lleva una cámara.

---

**camp**   KAMP   nombre        el campo (de vacaciones),
                                el campamento

> There is the camp for boys.
> Allí está el campo (de vacaciones) para
>     los chicos.

---

**can**   KAN   verbo          poder
  **(to be able to)**

> Can you come out?
> ¿Puedes salir?

---

**candy**   KAN-di   nombre      el dulce

> Harriet likes candy.
> A Enriqueta le gustan los dulces.

---

**capital**   KAP-i-tel   nombre      la capital

> Do you know the name of the capital of the
>     United States?
> ¿Sabe usted el nombre de la capital de los
>     Estados Unidos?

---

**car**   KAHR   nombre      el auto, el coche

  **by car**   expresión      en auto, en coche
            idiomática

> We are going to the fair by car.
> Vamos a la feria en auto.

  **car (on train)**   nombre      el vagón, el carro

---

**card**   KAHRD   nombre      la tarjeta

> I write my name on the card.
> Yo escribo mi nombre en la tarjeta.

| | | |
|---|---|---|
| **post card** | expresión idiomática | la tarjeta postal |
| **to play cards** | expresión idiomática | jugar a las cartas |

---

**carefully**   KEHR-fø-li   adverbio     con cuidado
Louise carries the bottle carefully.
Luisa carga (lleva) la botella con cuidado.

---

**baby carriage**     (See **baby**)

---

**carrot**   KAR-øt   nombre         la zanahoria
Carrots are on the plate.
Las zanahorias están en el plato.

---

**to carry**   KAR-i   verbo           cargar, llevar
The dog is carrying a newspaper.
El perro lleva un periódico.

---

**castle**   KAS-øl   nombre           el castillo
There is water around the castle.
Hay agua alrededor del castillo.

---

**cat**   KAT   nombre             el gato
The cat is playing with the girl.
El gato juega con la niña.

---

**to catch**   KACH   verbo         agarrar, coger, capturar

My brother is catching a turtle.
Mi hermano agarra una tortuga.

---

**ceiling** SI-ling    nombre      el cielo raso
I am looking at the ceiling.
Veo el cielo raso de la casa.

---

**celery** SEL-ri    nombre      el apio
Do you want some celery?
¿Quieres apio?

---

**cellar** SEL-ør    nombre      la bodega;
el sótano
The staircase leads to the cellar.
La escalera da a la bodega.

---

**certain** SUR-tøn    adjetivo      seguro (masc.)
**(sure)**                        segura (fem.)
Today is Tuesday. Are you certain?
Hoy es martes. ¿Estás seguro?

---

**chair** CHEHR    nombre      la silla
There are five chairs in the kitchen.
Hay cinco sillas en la cocina.

---

**chalk** CHAWK    nombre      la tiza
The teacher is writing on the chalk board with
white chalk.
La maestra está escribiendo en la pizarra con
tiza blanca.

---

**to change** CHEINDJ    verbo      cambiar
Sometimes the sea changes color.
A veces el mar cambia de color.

---

**change** CHEINDJ    nombre      el cambio,
el menudo, el suelto
The salesman gives me change.

El vendedor me da el cambio.

---

**cheap** CHIP adjectivo barato (masc.),
barata (fem.),
adverbio a poco costo
Oranges are cheap today.
Las naranjas estan baratas hoy.

---

**check (in restaurant)** CHEK nombre la cuenta
The waiter brings the check.
El mesero (mozo) trae la cuenta.

---

**cheerful** CHIR-fėl adjetivo alegre
On a day off I am always cheerful.
En día libre, siempre estoy alegre.

---

**cheese** CHIZ nombre el queso
I would like a cheese sandwich.
Me gustaría un sándwich de queso.

---

**cherry** CHER-i nombre la cereza
When cherries are red they are ripe.
Cuando las cerezas están rojas, están maduras.

---

**chicken** CHIK-ėn nombre el pollo
Do you prefer chicken or fish?
¿Tú prefieres pollo o pescado?

---

**child** CHAILD nombre el niño (masc.)
la niña (fem.)
The child is playing in the playground.
La niña juega en el patio de recreo.

**children** CHIL-drėn nombre los niños

---

**chimney** CHIM-ni nombre la chimenea
The cat is near the chimney.
El gato está cerca de la chimenea.

---

**chin**   CHIN    nombre        la barba
Show me your chin.
Muéstrame la barba.

**chocolate**   CHAW-klit    nombre     el chocolate
Olivia likes chocolate.
A Olivia le gusta el chocolate.

**to choose**   CHUZ    verbo        escoger
She chooses the black shoes.
Ella escoge los zapatos negros.

**church**   CHURCH    nombre     la iglesia
The church is on the corner of the street.
La iglesia está en la esquina de la calle.

**cigarette**   sig-∅-RET    nombre     el cigarrillo
There is a cigarette in the street.
Hay un cigarrillo en la calle.

**circle**   SUR-køl    nombre        el círculo
Look—my hoop is a circle!
Mira—¡mi aro es un círculo!

**circus**   SUR-køs    nombre        el circo
I like to look at the clown at the circus.
Me gusta mirar al payaso en el circo.

**city**  SIT-i  nombre                               la ciudad
There are many buildings in the city.
Hay muchos edificios en la ciudad.

**class**  KLAS  nombre                               la clase
She likes the science class.
Le gusta a ella la clase de ciencia.

**classroom**  KLAS-rum  nombre  la sala de clase
Where is the classroom?
¿Dónde está la sala de clase?

**clean**  KLIN  adjetivo                        limpio (masc.)
                                                               limpia (fem.)
My shoes are not clean.
Mis zapatos no están limpios.

**to clean**  verbo                               limpiar
Who cleans your house?
¿Quién limpia tu casa?

**clear**  KLIR  adjetivo                        claro (masc.)
                                                               clara (fem.)
The water is clear.
El agua está clara.

**clever**  KLEV-ər  adjetivo                 listo (masc.)
                                                               lista (fem.)

The cat is a clever animal.
El gato es un animal listo.

---

**to climb**   KL<u>AI</u>M     verbo       subir, ascender, trepar
                                      (con pies y manos)
        The monkey climbs the tree.
        El mono se trepa al árbol.

---

**clock**   KL<u>A</u>K     nombre          el reloj
        The clock is on the wall.
        El reloj está en la pared.

---

**to close**   KL<u>OH</u>Z     verbo        cerrar
        I close the desk drawer.
        Cierro el cajón del escritorio.

---

**close to**   KL<u>OH</u>S t¢     preposición     cerca de
        The refrigerator is close to the wall.
        La refrigeradora está cerca de la pared.

---

**closet**   KL<u>A</u>HZ-<u>it</u>     nombre      el ropero, el armario,
                                        el gabinete
        I put my sweater in the closet.
        Pongo mi suéter en el ropero.

---

**clothes,**   KL<u>OH</u>Z     nombre      la ropa
  **clothing**   KL<u>OH</u>-thing
        My clothes are in the box.
        Mi ropa está en la caja.

---

**cloud**   KL<u>OW</u>D     nombre       la nube
        I see some white clouds in the sky.
        Yo veo nubes blancas en el cielo.

---

**clown**   KL<u>OW</u>N     nombre       el payaso
        The clown wears a funny hat.
        El payaso lleva un sombrero cómico.

---

**coat**   K<u>OH</u>T     nombre     el abrigo; el sobretodo; el saco
        He is putting on his coat.
        El se pone el abrigo.

---

---

**coffee** K<u>AW</u>F-i     nombre                    el café
Mama drinks black coffee.
Mamá toma café negro (café solo).

---

**cold** K<u>OH</u>LD     adjetivo              frío (masc.), fría (fem.)
I am cold when it snows.
Yo tengo frío cuando nieva.

   **it is cold**          expresión              hace frío
               idiomática

   **to be cold**         expresión              tener frío
               idiomática

---

**cold (illness)** K<u>OH</u>LD   nombre   el resfriado, el catarro
I cough and sneeze when I have a cold.
Yo toso y estornudo cuando tengo un resfriado.

---

**color** K<u>E</u>L-<u>e</u>r     nombre                  el color
Red is my favorite color.
El rojo es mi color favorito.

   **to color**           verbo                  colorear, pintar
I am coloring a picture.
Yo coloreo un cuadro.

---

**comb** K<u>OH</u>M     nombre                el peine
My comb is in my pocketbook.
Mi peine está en la bolsa.

   **to comb**            verbo                  peinarse
He combs his hair in the morning.
Se peina por la mañana.

---

**to come** K<u>E</u>M     verbo                  venir
My friend is coming soon.
Mi amigo viene pronto.

   **to come into**          expresión              entrar
                 idiomática

She comes into the classroom.
Ella entra en la sala de clase.

---

**comfortable**   KŮM-fẻr-tẻ-bẻl   adjetivo   cómodo (masc.),
                                              cómoda (fem.)

The sofa is comfortable.
El sofá es cómodo.

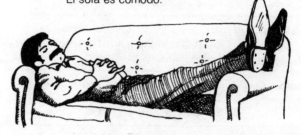

---

**company**   KŮM-pẻ-ni   nombre   la compañía
I would like to work for a large company.
Me gustaría trabajar en una compañía grande.

---

**to complain**   kẻm-PLEIN   verbo   quejarse
My sister is complaining again.
Mi hermana está quejándose otra vez.

---

**completely**   kẻm-PLIT-li   adverbio   completamente
My hands are completely wet.
Mis manos están completamente mojadas.

---

**to continue**   kẻn-TIN-yu   verbo   continuar, seguir
I am continuing to play baseball instead
  of studying.
Yo sigo jugando al béisbol en vez de estudiar.

---

**to cook**   KAUHK   verbo   cocinar, preparar la comida
He is learning to cook.
Él aprende a cocinar.

---

---

**cookie**   KAUHK-i   nombre       la galletita, la galleta
The dog would like a cookie.
Al perro le gustaría una galletita.

---

**cool**   KUL   adjetivo       fresco (masc.), fresca (fem.)
It is cool near the ocean.
Hace fresco cerca del océano.

---

**to copy**   KAP-i   verbo       copiar
Philip copies the words from the blackboard.
Felipe copia las palabras de la pizarra.

---

**corn**   KAWRN   nombre       el maíz
The corn is growing in the field.
El maíz crece en el campo.

---

**corner**   KAWR-nər   nombre       la esquina
The store is on the corner of the street.
La tienda está en la esquina de la calle.

---

**correct**   kə-REKT   adjetivo       correcto (masc.),
                                             correcta (fem.)
Who knows the correct word?
¿Quién sabe la palabra correcta?

---

**to cost**   KAWST   verbo       costar
How much does the pineapple cost?
¿Cuánto cuesta la piña?

---

**cotton**   KAT-ən   nombre       el algodón
The dress is made of cotton.
El vestido está hecho de algodón.

---

**to cough**   KAWF   verbo       toser
I cough when I am sick.
Yo toso cuando estoy malo.

---

---

**to count**  KOWNT  verbo          contar
Count the balloons.
Cuenta los globos.

---

**country**  KEN-tri  nombre        el país
Spain is a country.
España es un país.

---

**courageous**  kø-REI-djøs  adjetivo      valiente
The fireman is courageous.
El bombero es valiente.

---

**of course**  av KAWRS  interjección   por supuesto, ¡cómo no!
Do you like chocolate ice cream? Of course!
¿Te gusta el helado de chocolate?
    ¡Por supuesto!

---

**cousin**  KEZ-øn  nombre            el primo (masc.),
                                      la prima (fem.)
My cousin is the daughter of my uncle.
Mi prima es la hija de mi tío.

---

**covered**  KEV-ørd  adjetivo          cubierto (masc.),
                                        cubierta (fem.)
The roof is covered with snow.
El techo está cubierto de nieve.

---

**cover**  (See **blanket**)

---

---

**cow**   K<u>OW</u>     nombre         la vaca
The cow is black and white.
La vaca es negra y blanca.

---

**cradle**   KREID-I   nombre      la cuna
The cradle is empty.
La cuna está vacía.

---

**crayon**   KREI-e̸n   nombre    el lápiz de color
Ellen has a new box of crayons.
Elena tiene una caja nueva de lápices
   (de color).

---

**crazy**   KREI-zi   adjetivo     loco (masc.), loca (fem.)
Is the animal crazy when he is frightened?
¿Se vuelve loco el animal cuando tiene miedo?

---

**to cross**   KR<u>AWS</u>   verbo     cruzar, atravesar
We are crossing the playground.
Estamos cruzando el patio de recreo.

---

**to cry**   KR<u>AI</u>   verbo     llorar
Why are you crying?
¿Por qué lloras?

---

**cunning**   K<u>E</u>N-<u>i</u>ng   adjetivo     astuto (masc.),
                                             astuta (fem.)
Is the fox cunning?
¿Es astuta la zorra?

---

---

**cup**  KEP  nombre                        la taza
> Frances puts the cup in the cupboard.
> Francisca pone la taza en el armario.

---

**cupboard**  KEB-ǝrd  nombre         el armario
> The plates are in the cupboard.
> Los platos están en el armario.

---

**curious**  KYUR-yǝs  adjetivo            curioso (masc.),
                                                        curiosa (fem.),
> I am curious. What is in the letter?
> Tengo curiosidad. ¿Qué hay en la carta?

---

**curtain**  KUR-tǝn  nombre              la cortina
> The new curtains are pretty.
> Las cortinas nuevas son bonitas.

---

**to cut**  KET  verbo                         cortar
> Bertha is cutting the apple.
> Berta corta la manzana.

---

**cute**  KYUT  adjetivo               gracioso, mono (masc.),
                                                  graciosa, mona (fem.)
> The kitten is cute.
> El gatito es gracioso.

---

**cutlet**  KET-lǝt  nombre                la chuleta
> The cutlet is delicious.
> La chuleta está deliciosa.

---

# D

---

**dad,**          DAD  nombre                     papá

  **daddy**     DAD-i
> Daddy says "Good morning."
> Papá dice "Buenos días."

---

---

**damp**    DAMP    adjetivo             húmedo (masc.),
                                             húmeda (fem.)
          My shirt is damp.
          Mi camisa está húmeda.

---

**to dance**    DANS    verbo              bailar
          Do you know how to dance?
          ¿Sabes bailar?

---

**dangerous**    DEIN-djǝr-ǝs    adjetivo    peligroso (masc.),
                                             peligrosa (fem.)
          It is dangerous to play with matches.
          Es peligroso jugar con fósforos.

---

**to dare**    DEHR    verbo              atreverse
          I dare to speak to the actor.
          Me atrevo a hablarle al actor.

---

**dark**    DAHRK    adjetivo             obscuro (masc.), oscuro
                                           obscura (fem.), oscura
          He is wearing a dark coat.
          El lleva un abrigo (saco) oscuro.

---

**darling**    DAHR-ling    adjetivo             precioso (masc.),
                                           preciosa (fem.)

          The baby is darling.
          El bebé es precioso.

---

**date**    DEIT    nombre              la fecha

What is the date of your birthday?
¿Cuál es la fecha de tu cumpleaños?

---

**dear** DIR   adjetivo                querido (masc.),
                                        querida (fem.)
Louise is a dear friend.
Luisa es una amiga querida.

---

**to deceive** di-SIV   verbo          engañar
I deceive my mother when I lie.
Yo engaño a mi madre cuando digo mentiras.

---

**December** di-SEM-bər   nombre       el diciembre
It snows in December.
Nieva en diciembre.

---

**to decorate** DEK-oh-reit   verbo     decorar
She is decorating her room.
Ella está decorando su cuarto.

---

**deep** DIP   adjetivo                 profundo (masc.),
                                        profunda (fem.)
Is the lake deep?
¿Es profundo el lago?

---

**delicious** di-LISH-əs   adjetivo     delicioso (masc.),
                                        deliciosa (fem.)
The grapes are delicious.
Las uvas están deliciosas.

---

**delighted** di-LAI-təd   adjetivo     encantado (masc.),
                                        encantada (fem.)
I am delighted when I get a present.
Yo estoy encantado cuando recibo un regalo.

---

**dentist** DEN-tist   nombre           el dentista
I would like to become a dentist.
Me gustaría ser dentista.

---

---

**desert**  DEZ-ərt  nombre              el desierto
There is a lot of sand in the desert.
Hay mucha arena en el desierto.

---

**desk**  DESK  nombre          el escritorio, el pupitre
The teacher's desk is in front of the pupils' desks.
El escritorio del profesor está delante de los
    pupitres de los alumnos.

---

**dessert**  di-ZURT  nombre          el postre
What is your favorite dessert?
¿Cuál es tu postre favorito?

---

**to detest**  di-TEST  verbo              detestar
I detest going to bed so early.
Yo detesto acostarme tan temprano.

---

**dictionary**  DIK-shən-ehr-i  nombre      el diccionario
How many words are there in the dictionary?
¿Cuántas palabras hay en el diccionario?

---

**different**  DIF-rent  adjetivo              diferente
These books are different.
Estos libros son diferentes.

---

**difficult**  DIF-ə-kəlt  adjetivo          difícil
The sentence is not difficult.
La oración no es difícil.

---

---

**dining room**   DAIN-ing rum   nombre   el comedor
The family eats in the dining room.
La familia come en el comedor.

---

**dinner**   DIN-ər   nombre   la cena, la comida
We have fish for dinner.
Hay pescado para la cena.

---

**to direct**   di-REKT   verbo   dirigir
The music teacher directs the pupils.
La maestra de música dirige a los alumnos.

---

**dirty**   DUR-ti   adjetivo   sucio (masc.),
                                                        sucia (fem.)
The tablecloth is dirty.
El mantel está sucio.

---

**dishes**   DISH-əs   nombre   los platos
I am washing the dishes.
Yo lavo los platos.

---

**displeased**   dis-PLIZD   adjetivo   disgustado (masc.),
                                                        disgustada (fem.)
The teacher is displeased when I do not do
my homework.
Cuando no hago mis tareas, la maestra está
disgustada.

---

**distant**   DIS-tənt   adjetivo   alejado (masc.),
**(far away)**                                          alejada (fem.),
                                                        distante, lejos
The store is not too distant.
La tienda no está distante.

---

**to do**   DU   verbo   hacer
What do you do on Mondays?
¿Qué haces los lunes?

---

---

**doctor**  DAK-ter    nombre               el médico, el doctor
The doctor speaks to the man.
El doctor le habla al hombre.

---

**dog**  DAWG    nombre             el perro
My dog follows me everywhere.
Mi perro me sigue por todas partes.

---

**doll**  DAL    nombre             la muñeca
The doll is on the chair.
La muñeca está en la silla.

    **dollhouse**    nombre        la casa de muñecas

---

**dollar**  DAL-er    nombre        el dólar
The brush costs one dollar.
El cepillo cuesta un dólar.

---

**Well done!**  WEL DEN    interjección    ¡Bravo!
                                            ¡Bien hecho!
My teacher says "Well done!"
Mi maestra dice: "¡Bravo!"

---

**dominos**  DAM-e-nohz    nombre    el dominó
Let's play dominos.
Vamos a jugar al dominó.

---

**donkey**  DENG-ki    nombre        el burro
The donkey does not want to walk.
El burro no quiere caminar.

**door**  DAWR  nombre  la puerta
The door is open.
La puerta está abierta.

**doorbell**  nombre  el timbre

**doorknob**  nombre  la manecilla (de la puerta), la bola

**Don't you think so?**  expresión idiomática  ¿Verdad?, ¿No?
The coffee is cold. Don't you think so?
El café está frío. ¿Verdad? (¿No?)

**Don't you agree?**  expresión idiomática  ¿No verdad? ¿De acuerdo?
There are many flowers in the country. Don't you agree?
Hay muchas flores en el campo. ¿No? (¿De acuerdo?)

**dozen**  DEZ-¢n  nombre  la docena
There are twelve eggs in a dozen.
Hay doce huevos en una docena.

**to drag**  DRAG  verbo  arrastrar, tirar
The dog is dragging a shoe.
El perro arrastra un zapato.

**to draw**  DRAW  verbo  dibujar, hacer un dibujo
Claude draws a picture of an airport.
Claudio dibuja un aeropuerto.

**drawer**  DRAWR  nombre  el cajón; la gaveta
Dorothy puts the jewelry in the drawer.
Dorotea pone las joyas en el cajón.

---

**to dream**   DRIM    verbo            soñar
> He dreams of having a million dollars.
> El sueña en tener un millón de dólares.

---

**dress**   DRES    nombre        el vestido
> Jane's dress is made of wool.
> El vestido de Juana es de lana.

  **to get dressed**    expresión       vestirse
                       idiomática
> He gets dressed at eight o'clock in the morning.
> Él se viste a las ocho de la mañana.

---

**to drink**   DRINGK    verbo        beber, tomar
> She is drinking orange juice.
> Ella toma jugo de naranja.

---

**to drive (car)**   DRAIV    verbo     conducir, manejar
> Do you know how to drive a car?
> ¿Sabes conducir un auto?

  **driver**    nombre            el chofer
> The driver drives the car carefully.
> El chofer conduce el auto con cuidado.

---

**drugstore**   DREG-stawr    nombre    la farmacia
> The doctor enters the drugstore.
> El médico entra en la farmacia.

---

**drum**   DREM    nombre         el tambor
> William plays the drum with his friends.
> Guillermo toca el tambor con sus amigos.

---

**dry**   DRAI    adjetivo          seco (masc.),
                                     seca (fem.)
> My gloves are dry.
> Mis guantes están secos.

---

---

**duck**   DĖK    nombre                     el pato
The duck has a yellow beak.
El pato tiene el pico amarillo.

---

**during**   DUR-<u>in</u>g    preposición       durante
During the afternoon, Paul has a good time
     on the swing.
Durante la tarde, Pablo se divierte en
     el columpio.

---

# E

---

**each**   ICH    adjetivo                  cada
I give a ruler to each pupil.
Le doy una regla a cada alumno.

   **each one**    expresión             cada uno
                  idiomática

---

**ear**   IR    nombre                   la oreja
The sheep has two ears.
La oveja tiene dos orejas.

---

**early**   <u>UR</u>-li    adverbio             temprano
The rooster gets up early.
El gallo se levanta temprano.

---

**to earn**   <u>UR</u>N    verbo                     ganar

I am too young to earn money.
Soy muy joven para ganar dinero.

---

**earth** <u>URTH</u>    nombre                        la tierra
The earth is one of the planets.
La tierra es uno de los planetas.

---

**east** IST    nombre                        el este
The sun rises in the east.
El sol sale en el este.

---

**easy** I-zi    adjetivo                        fácil
It is easy to learn Spanish.
Es fácil aprender español.

---

**to eat** IT    verbo                        comer
Eleanor is eating a cheese sandwich.
Leonor come un sándwich de queso.

---

**edge (shore)** EDJ, SH<u>A</u>WR    nombre    la orilla
I am standing at the ocean shore.
Estoy en la orilla del océano.

---

**egg** EG    nombre                        el huevo
I eat an egg for breakfast.
Como un huevo para el desayuno.

---

**eight** EIT    adjetivo                        ocho
Here are eight buttons.
Aquí hay ocho botones.

---

**eighteen** ei-TIN    adjetivo                dieciocho,
                                                        diez y ocho
I am going to number 18, California Street.
Voy al número dieciocho de la calle California.

---

**eighty** EI-ti    adjetivo                        ochenta
The university is eighty kilometers from here.

La universidad está a ochenta kilómetros de aquí.

---

**electric**  i-LEK-trik   adjetivo              eléctrico (masc.),
                                                eléctrica (fem.)

It is an electric refrigerator.
Es una refrigeradora eléctrica.

---

| **electric stove** | nombre | la estufa eléctrica |
| **electric train** | nombre | el tren eléctrico |
| **electric typewriter** | nombre | la máquina de escribir eléctrica |

---

**elephant**  EL-ə-fənt   nombre        el elefante

The elephant has two large ears.
El elefante tiene dos orejas grandes.

---

**eleven**  i-LEV-ən   adjetivo              once

The student has eleven books.
El alumno tiene once libros.

---

**empty**  EMP-ti   adjetivo               vacío (masc.),
                                           vacía (fem.)

The taxi is empty.
El taxi está vacío.

---

**end**  END   nombre                      el fin

This is the end of the book.
Éste es el fin del libro.

---

**engineer**  en-dji-NIR   nombre       el ingeniero

What does the engineer do?
¿Qué hace el ingeniero?

---

**enough**  i-NəF   adverbio              bastante

The dog is thin. He does not have enough to eat.
El perro está flaco. No tiene bastante
    para comer.

---

**to enter**  EN-ter  verbo                    entrar
> They enter the restaurant.
> Ellos entran en el restaurante.

**envelope**  EN-ve-lohp  nombre           el sobre
> He puts a stamp in the corner of the envelope.
> El pone un sello en la esquina del sobre.

**equal**  I-kwel  adjetivo                     igual
> These two pencils are equal (in size).
> Los dos lápices son iguales.

**to erase**  i-REIS  verbo                    borrar
> Please erase the blackboard.
> Borra la pizarra, por favor.

**eraser**  i-REI-ser  nombre             el borrador
> Do you have an eraser?
> ¿Tienes un borrador?

**error**  ER-er  nombre                 la falta, el error
> I make errors when I write in English.
> Yo cometo errores cuando escribo en inglés.

**especially**  es-PESH-e-li  adverbio     especialmente
> I like ice cream, especially vanilla ice cream.
> Me gusta el helado, especialmente el helado
> de vainilla.

**even**  I-ven  adverbio                           ni

The baby is not even sleepy.
El bebé no tiene ni sueño.

---

**evening**   IV-ning   nombre          la noche
In the evening she does her homework.
Ella hace sus tareas por la noche.

---

**every**   EV-ri   adjetivo          cada, todos, todas
I put every stamp in the box.
Yo pongo cada timbre (sello) en la caja.

**everybody**   pronombre          todo el mundo
**everyone**    pronombre
Everyone is in the park.
Todo el mundo está en el parque.

**everywhere**   adverbio          por todas partes
I look everywhere for my comb.
Yo busco mi peine por todas partes.

---

**examination**   eg-zam-i-NEI-shen   nombre   el examen
Do we have an examination today?
¿Tenemos examen hoy?

---

**excellent**   EK-se-lent   adjetivo   excelente
The film is excellent.
La película es excelente.

---

**excuse me**   ek-SKYUZ MI   expresión   dispénseme usted
                            idiomática
Excuse me, what time is it?
Dispénseme usted, ¿qué hora es?

---

**expensive**   ek-SPEN-siv   adjetivo   caro (masc.),
                                        cara (fem.)
The briefcase is too expensive.
El portafolio es demasiado caro.

---

**to explain**   ek-SPLEIN   verbo          explicar

She explains the lesson to him.
Ella le explica la lección a él.

---

**extraordinary**       adjetivo             extraordinario (masc.),
ek-STRAWR-di-ner-i                          extraordinaria (fem.)
What an extraordinary photograph!
¡Qué fotografía tan extraordinaria!

---

**eye** <u>AI</u>   nombre                    el ojo
My eye hurts.
Me duele el ojo.

---

# F

**face** FEIS    nombre                    la cara
He has a round face.
El tiene la cara redonda.

---

**factory** FAK-te-ri   nombre          la fábrica
The factory is near our apartment.
La fábrica está cerca de nuestro apartamento.

---

**fair** FEHR   nombre                    la feria
There are many games at the fair.
Hay muchos juegos en la feria.

---

**fair** FEHR   adjetivo                  justo (masc.),
                                          justa (fem.)
The teacher's marks are fair.
Las notas de la maestra son justas.

---

---

**fairy**    FEHR-i    nombre                    el hada
What is the fairy's name in the tale?
¿Cómo se llama el hada en el cuento?

---

**fall**    F<u>AW</u>L    nombre                    el otoño
Do you prefer fall or spring?
¿Prefieres el otoño o la primavera?

---

**to fall**    F<u>AW</u>L    verbo                    caer, caerse
Leaves fall from the tree when it is windy.
Las hojas se caen del árbol cuando hace viento.

---

**family**    FAM-ø-li    nombre                    la familia
There are seven people in my family.
Hay siete personas en mi familia.

---

**famous**    FEI-møs    adjetivo            famoso (masc.),
                                                        famosa (fem.)
The astronaut is famous.
El astronauta es famoso.

---

**fan**    FAN    nombre                    el ventilador
My neighbor has a fan in the window.
Mi vecino tiene un ventilador en la ventana.

---

**far**    FAHR    adverbio                    lejos
Is Washington far from New York?
¿Está Washington lejos de Nueva York?

---

**farm**    FAHRM    nombre            la granja, la finca
Vegetables grow on a farm.
Las legumbres crecen en la granja.

---

**farmer**    FAHR-mør    nombre            el agricultor,
                                                        el ranchero
The farmer lives on the farm.
El agricultor vive en la granja.

---

**fast**   FAST    adverbio                    rápidamente
The butcher cuts the meat fast.
El carnicero corta la carne rápidamente.

**fast**   FAST    adjetivo                    rápido (masc.),
rápida (fem.)
The butcher is a fast worker.
El carnicero es un trabajador rápido.

**fat**   FAT    adjetivo                     gordo (masc.),
gorda (fem.)
The baby is fat.
El bebé es gordo.

**father**   FAH-ther    nombre          el padre
My father is a fireman.
Mi padre es bombero.

**favorite**   FEI-ver-it    adjetivo        favorito (masc.),
favorita (fem.)
Here is my favorite doll.
Aquí está mi muñeca favorita.

**February**   FEB-ru-er-i    nombre     el febrero
Are there twenty-eight days in the month
of February?
¿Hay vientiocho días en el mes de febrero?

---

**to feel**   FIL   verbo                              sentir
I am not feeling well today.
No me siento bien hoy.
How do you feel?
¿Cómo está usted? (¿Cómo estás tú?)
   (¿Cómo le va a usted?)

---

**feet**   (See **foot**)

---

**ferocious**   fǝ-ROH-shǝs   adjetivo   feroz
The leopard is ferocious.
El leopardo es feroz.

---

**fever**   FI-vǝr   nombre                    la fiebre
I am sick but I do not have a fever.
Estoy enfermo pero no tengo fiebre.

---

**field**   FILD   nombre                    el campo

The sheep are in the field.
Las ovejas están en el campo.

---

**fierce**   FIRS   adjetivo                    feroz
A mouse is not a fierce animal.
Un ratón no es un animal feroz.

---

**fifteen**   fif-TIN   adjetivo                    quince
There are fifteen boys in the street.
Hay quince niños en la calle.

---

---

**fifty**   FIF-ti    adjetivo               cincuenta
The flag of the United States has fifty stars.
La bandera de los Estados Unidos tiene
     cincuenta estrellas.

---

**to fill**   FIL    verbo                 llenar
I fill my pockets with candy.
Me lleno los bolsillos de dulces.

---

**film**   FILM    nombre            la película
I like the film.
Me gusta la película.

---

**finally**   FAI-nel-i    adverbio       por fin
He is finally finishing the book!
¡Por fin acaba el libro!

---

**to find**   FAIND    verbo         encontrar, hallar
Arnold finds a shell.
Arnoldo encuentra una concha.

---

**finger**   FIN-ger    nombre         el dedo
I have five fingers on my right hand.
Yo tengo cinco dedos en la mano derecha.

---

**to finish**   FIN-ish    verbo       terminar, acabar
Mom is finishing her work.
Mamá termina su trabajo.

---

**fire**   FAIR    nombre           el fuego
There is a fire in the house.
Hay fuego en la casa.

---

**fireman**    nombre            el bombero
The fireman is wearing boots.
El bombero lleva botas.

---

**fireplace**    nombre        la chimenea; el hogar

| | | |
|---|---|---|
| **fire truck** | nombre | el camión de bomberos |

---

**first**  F<u>U</u>RST  adjetivo          primero, primer (masc.), primera (fem.)

Spanish is my first class.
La clase de español es mi primera clase.

---

**fish**  F<u>I</u>SH  nombre          el pez, los peces, el pescado (dead)

The fish lives in water.
El pez vive en el agua.
I like fish.
Me gusta el pescado.

| | | |
|---|---|---|
| **to go fishing** | expresión idiomática | ir de pesca |
| **goldfish** | nombre | el pescadito de color dorado |
| **fish tank** | nombre | el acuario |

There are plants in the fish tank.
Hay plantas en el acuario.

---

**five**  F<u>A</u>IV  adjetivo          cinco

She has five toes on each foot.
Ella tiene cinco dedos en cada pie.

---

**to fix**  F<u>I</u>KS  verbo          arreglar, reparar
**(repair)**

My father fixes the lamp.
Mi padre arregla la lámpara.

---

**flag**  FLAG  nombre          la bandera

What color is the Mexican flag?
¿De qué color es la bandera mexicana?

---

**flat**  FLAT  adjetivo          plano (masc.), plana (fem.)

The street is flat.
La calle es plana.

---

**floor**   FL<u>A</u>WR    nombre         el piso, el suelo
My apartment is on the first floor.
Mi apartamento está en el primer piso.
The telephone is on the floor.
El teléfono está en el suelo.

  **ground floor**    expresión     el piso bajo, la planta baja
                       idiomática

---

**flower**   FL<u>OW</u>-er    nombre     la flor
Flowers are growing in the garden.
Algunas flores crecen en el jardín.

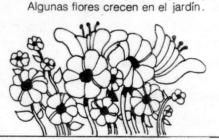

---

**fly**   FL<u>AI</u>    nombre         la mosca
The fly is an insect.
La mosca es un insecto.

---

**to fly**   FL<u>AI</u>    verbo         volar
The bird flies in the sky.
El pájaro vuela en el cielo.

  **to fly an airplane**    expresión     conducir un avión
                                idiomática

---

**fog**   F<u>A</u>G    nombre         la niebla; la neblina
The fog is very thick.
La niebla está espesa.

---

---

**to follow**  FAL-oh      verbo            seguir
My shadow follows me everywhere.
Mi sombra me sigue por todas partes.

---

**foot,**        FAUHT,      nombre         el pie

**feet** (plural) FEET
He has a sore foot.
Tiene dolor de pie.

**on foot**     expresión                  a pie
idiomática

---

**for**  fér    preposición                para; por
For lunch I have a sandwich.
Para el almuerzo, tomo un sándwich.

**to wait for**     expresión          esperar a
idiomática
I have been waiting for my cousin for one hour.
Hace una hora que espero a mi prima.

---

**(It is) forbidden**       expresión       Se prohibe, Prohibido
it is fér-BID-én  idiomática
It is forbidden to sing.
Se prohibe cantar.

---

**forest**  FAR-ist   nombre               el bosque
The forest is full of trees.
El bosque está lleno de árboles.

---

**forever**  fawr-EV-ér   adverbio         siempre
I will remember this story forever.
Siempre voy a recordar esta historia.

---

**to forget**  fawr-GET   verbo            olvidar
Sometimes he forgets his handkerchief.
A veces olvida su pañuelo.

---

---

**fork**   FAWRK   nombre                    el tenedor
I eat pie with a fork.
Yo como el pastel con tenedor.

---

**forty**   FAWR-ti   adjetivo              cuarenta
There are forty strawberries in the box.
Hay cuarenta fresas en la caja.

---

**four**   FAWR   adjectivo                 cuatro
There are four cookies on the plate.
Hay cuatro galletitas en el plato.

---

**fourteen**   fawr-TIN   adjetivo          catorce
Are there fourteen saucers in the cupboard?
¿Hay catorce platitos en el armario?

---

**fox**   FAKS   nombre                     la zorra
The fox is similar to the dog.
La zorra es parecida al perro.

---

**French**   FRENCH   adjetivo             francés (masc.),
                                           francesa (fem.)
Here is some French cheese.
Aquí hay queso francés.

---

**fresh**   FRESH   adjetivo               fresco (masc.),
                                           fresca (fem.)
Is the fish fresh?
¿Está fresco el pescado?

---

**Friday**  FR<u>AI</u>-dei     nombre          el viernes
Mom goes to the supermarket on Fridays.
Mamá va al supermercado los viernes.

**friend**  FREND    nombre          amigo (masc.),
                                     amiga (fem.)
My friend and I are playing with the
   electric trains.
Mi amigo y yo jugamos con los trenes
   eléctricos.

**frightening**  FR<u>AI</u>T-n<u>i</u>ng   adjetivo   espantoso (masc.),
                                              espantosa (fem.)
Snakes are frightening.
Las culebras son espantosas.

**frog**  FR<u>A</u>G    nombre          la rana
The frog jumps into the water.
La rana salta al agua.

**from**  FR<u>A</u>M    preposición          de
He comes from the country.
El viene del campo.

**in front of**  <u>i</u>n FR<u>E</u>NT ǿv   preposición   delante de
The boy is sitting in front of the little girl.
El niño está sentado delante de la niña.

**fruit**  FRUT    nombre          las frutas
There is a bowl of fruit on the table.
Hay un sopero de fruta en la mesa.

**full**  FAUHL    adjetivo          lleno (masc.),
                                     llena (fem.)
The basket is full of candy.
El canasto está lleno de dulces.

---

**funny**  FŁN-i  adjetivo          gracioso, divertido,
                                    chistoso (masc.),
                                    graciosa, divertida,
                                    chistosa (fem.)
          The actress is funny.
          La actriz es graciosa.

---

**future**  FYU-chƏr  nombre          el futuro
          I am going to visit the United States in the future.
          Voy a visitar los Estados Unidos en el futuro.

# G

---

**game**  GEIM  nombre          el juego
          Baseball is a game.
          El béisbol es un juego.

---

**garage**  gƏ-RAHZH  nombre          el garage, la cochera
          The car is in the garage.
          El automóvil está en el garage.

---

**garden**  GAHR-dƏn  nombre          el jardín
          Tomatoes are growing in the garden.
          Algunos tomates crecen en el jardín.

---

**gas**  GAS  nombre          el gas, el petróleo
          Is it a gas refrigerator?

¿Es una refrigeradora de gas?

| | | |
|---|---|---|
| **gas stove** | nombre | la estufa de gas |

---

**gasoline** gas-ø-LIN    nombre      la gasolina
   **(gas)**       He is putting gasoline into the car.
               Le pone gasolina al coche.

---

**gay** GEI    adjetivo                alegre
 **(happy)**

        She is gay on her birthday.
        Ella está alegre el día de su cumpleaños.

---

**gentle** DJEN-tøl    adjetivo        suave, apacible,
                                      manso (masc.),
                                      mansa (fem.)
        The cow is a gentle animal.
        La vaca es un animal suave (manso).

---

**geography** dji-AG-rø-fi    nombre      la geografía
        I have to study the geography of Puerto Rico.
        Tengo que estudiar la geografía de Puerto Rico.

---

**to get** GET    verbo               agarrar, conseguir,
                                        obtener
        He gets a pail and shovel.
        El agarra un balde y una pala.

---

**to get up** get ØP    expresión      levantarse
                    idiomática
        She gets up slowly.
        Ella se levanta despacio.

---

**giant** DJAI-ønt    nombre          el gigante
        Is there a giant in the circus?
        ¿Hay un gigante en el circo?

---

**gift** GIFT    nombre               el regalo

A gift for me?
¿Un regalo para mí?

| | | |
|---|---|---|
| **girl** GURL | nombre | la niña, la muchacha, la chica |

The little girl is wearing an apron.
La niña lleva un delantal.

---

| | | |
|---|---|---|
| **to give** GIV | verbo | dar |

My aunt gives me a kiss.
Mi tía me da un beso.

| | | |
|---|---|---|
| **to give back** | verbo | devolver |

---

| | | |
|---|---|---|
| **glad** GLAD | adjetivo | contento (masc.) contenta (fem.) |

The children are glad to see the snow.
Los niños están contentos de ver la nieve.

---

| | | |
|---|---|---|
| **glass** GLAS | nombre | el vaso |

The glass is dirty.
El vaso está sucio.

| | | |
|---|---|---|
| **made of glass** | expresión idiomática | hecho de vidrio |

---

| | | |
|---|---|---|
| **glasses** GLAS-∅s | nombre | los lentes, los anteojos |

I am looking for my glasses.
Busco mis lentes.

---

---

**glove**   GL*É*V   nombre                        el guante
Susan takes off her gloves.
Susana se quita los guantes.

---

**to glue**   GLU   verbo                         pegar
He is glueing the stamp.
El está pegando el sello.

---

**to go**   G<u>OH</u>   verbo                              ir
We are going to the post office.
Nosotros vamos al correo.

**to go (to work)**   verbo                        andar
The washing machine is not working.
La máquina de lavar no anda.

**to go along**            expressión      caminar, ir
**(vehicle)**              idiomática
The truck goes along the road.
El camión camina (va) por la carretera.

**to go back**             expresión       volver
                           idiomática
I am going back to the library to study.
Yo vuelvo a la biblioteca a estudiar.

**to go to bed**           expresión       acostarse
                           idiomática

**to go down**             expresión       descender, bajar
                           idiomática
The parachute goes down.
El paracaídas desciende.

**to go fishing**          expresión       ir de pesca
                           idiomática

**to go out**              expresión       salir
                           idiomática
The mouse goes out of the hole.
El ratón sale del agujero.

**to go shopping**      expresión     ir de compras
idiomática

The girls are going shopping.
Las chicas van de compras.

**to go up**           expresión     subir
idiomática

The airplane goes up into the sky.
El avión sube al cielo.

---

**goat**  GO<u>H</u>T     nombre             el chivo , la cabra

The goat eats grass on the mountain.
La cabra come hierba en la montaña.

---

**gold**  G<u>O</u>HLD    nombre         el oro
The gold watch is very expensive.
El reloj de oro es muy caro.

---

**goldfish**  (See **fish**)

---

**good**  GAUHD     adjetivo              buen, bueno (masc.)
buena (fem.)

The story is good.
El cuento es bueno.

**Good afternoon**      expresión         Buenas tardes
idiomática

**Good-bye**               expresión         Adiós
idiomática

| | | |
|---|---|---|
| **Good day** | expresión idiomática | Buenos días |
| **Good evening** | expresión idiomática | Buenas tardes |
| **Good luck** | expresión idiomática | Buena suerte |
| **Good morning** | expresión idiomática | Buenos días |

I say "Good morning" in the morning.
Yo digo "Buenos días" por la mañana.

| | | |
|---|---|---|
| **Good night** | expresión idiomática | Buenas noches |

---

**granddaughter**   GRAND-daw-tǝr   nombre   la nieta

Our grandmother has two granddaughters.
Nuestra abuela tiene dos nietas.

---

**grandfather**   GRAND-fah-thǝr   nombre   el abuelo

My grandfather works in the garden.
Mi abuelo trabaja en el jardín.

---

**grandmother**   GRAND-meth-ǝr   nombre   la abuela

My grandmother is my grandfather's wife.
Mi abuela es la esposa de mi abuelo.

**at my grandmother's house**   expresión idiomática   en (la) casa de mi abuela

---

**grandson**   GRAND-sǝn   nombre   el nieto

This man has five grandsons.
Este hombre tiene cinco nietos.

---

**grape**   GREIP   nombre        la uva

The fox looks at the grapes.
La zorra mira las uvas.

---

**grapefruit**  GREIP-frut    nombre        la toronja
The grapefruit skin is yellow.
La cáscara de la toronja es amarilla.

---

**grass**  GRAS    nombre          la hierba, el pasto
My brother cuts the grass.
Mi hermano corta la hierba.

---

**grasshopper**  GRAS-hap-ér   nombre    el saltón,
                                              el chapulín
The grasshopper is an insect.
El chapulín es un insecto.

---

**gray**  GREI    adjetivo          gris
The clouds are gray.
Las nubes están grises.

---

**great!**  GREIT    interjección        ¡Magnífico!
The team has just won? Great!
¿El equipo acaba de ganar? ¡Magnífico!

---

**great**  GREIT    adjetivo          gran
Carlos Montoya is a great musician.
Carlos Montoya es un gran músico.

---

**green**  GRIN    adjetivo          verde

The leaves on the plants are green.
Las hojas de las plantas son verdes.

---

**grocer**  GR<u>OH</u>-s<s>e</s>r  nombre          el tendero
The grocer sells a box of rice.
El tendero vende una caja de arroz.

---

**grocery**  GR<u>OH</u>-s<s>e</s>r-i  nombre     la tienda
**(grocery store)**
Do they sell chocolate candy in the grocery?
¿Venden dulces de chocolate en la tienda?

---

**ground**  GR<u>OW</u>ND  nombre          la tierra
The children are sitting on the ground.
Los niños están sentados en la tierra.

**ground floor**      nombre          el piso bajo, la
                                      planta baja

**playground**        nombre          el sitio de recreo, el
                                      patio de recreo, la
                                      pista de recreo

---

**to grow**  GR<u>OH</u>  verbo          crecer
Plants are growing in the valley.
Las plantas crecen en el valle.

---

**to guard**  GAHRD  verbo          vigilar, proteger,
                                    cuidar
The dog guards the store.
El perro vigila la tienda.

---

**to guess**  GES  verbo          adivinar
Can you guess the end of the story?
¿Puedes adivinar el fin del cuento?

---

**guitar**  gi<u>-</u>TAHR  nombre          la guitarra
Do you have a guitar?
¿Tienes una guitarra?

---

| | | | |
|---|---|---|---|
| **gun** | GEN | nombre | la pistola, el arma de fuego |

A gun is dangerous.
Una pistola es peligrosa.

# H

| | | | |
|---|---|---|---|
| **hair** | HEHR | nombre | el cabello, el pelo |

My hair is long.
Tengo el pelo largo.

| | | |
|---|---|---|
| **hairbrush** | nombre | el cepillo de pelo |

| | | | |
|---|---|---|---|
| **half** | HAF | nombre | la mitad |

Give me half of the banana.
Dame la mitad del plátano.

| | | |
|---|---|---|
| **half hour** | expresión idiomática | la media hora |

| | | | |
|---|---|---|---|
| **ham** | HAM | nombre | el jamón |

The little girl is eating ham.
La niña come jamón.

| | | | |
|---|---|---|---|
| **hammer** | HAM-er | nombre | el martillo |

A hammer is useful.
Un martillo es útil.

| | | | |
|---|---|---|---|
| **hand** | HAND | nombre | la mano |

The boy raises his right hand; the girl raises her left hand.
El joven levanta la mano derecha; la chica levanta la mano izquierda.

| | | |
|---|---|---|
| **left hand** | nombre | la mano izquierda |
| **right hand** | nombre | la mano derecha |

| | | | |
|---|---|---|---|
| **to shake hands** | | expresión idiomática | dar la mano |

---

**handbag, pocketbook, purse**    HAND-bag PAK-et-bauhk PURS    nombre    la bolsa, la cartera,

The handbag is on the armchair.
La bolsa está en el sillón.

---

**handkerchief**    HANG-ker-chif    nombre    el pañuelo

Robert puts a handkerchief in his pocket.
Roberto mete un pañuelo en la bolsa
(el bolsillo).

---

**handsome**    HAN-søm    adjetivo    guapo (masc.)
guapa (fem.)

The artist is handsome.
El artista es guapo.

---

**(what is) happening?**        expresión        ¿Qué pasa?
what iz HAP-en-ing?    idiomática

I hear a noise. What is happening?
Oigo un ruido. ¿Qué pasa?

---

**happy**    HAP-i    adjetivo    feliz, contento (masc.)
contenta (fem.)

Mark smiles when he is happy.
Marco sonríe cuando está contento.

**Happy birthday!**    expresión    ¡Feliz cumpleaños!
idiomática

---

**hard**    HAHRD    adjetivo    duro (masc.)
dura (fem.)

The chair is too hard.
La silla es muy dura.

---

**hat**    HAT    nombre    el sombrero

The hat is on the donkey.
El sombrero está en el burro.

---

**to hate**  HEIT    verbo                    odiar
The baby hates water.
El bebé odia el agua.

---

**to have**  HAV    verbo                    tener
The boy has a worm.
El niño tiene un gusano.

 **to have (food)**    verbo              tomar
 What do you have for a snack?
 ¿Qué tomas para la merienda?

 **to have to**    expresión              tener que
                   idiomática
 You have to take a bath.
 Tienes que bañarte.
 I have to study.
 Tengo que estudiar.

**to have a good time**    verbo          divertirse
 They are having a good time at the party.
 Se divierten en la fiesta.

**to have a headache**        expresión          tener dolor de
                              idiomática              cabeza

**to have a sore . . .**      expresión          tener dolor de
                              idiomática

Jerome has a sore throat.
Gerónimo tiene dolor de garganta.

**to have just**              expresión           acabar de
                             idiomática
He has just broken the mirror.
Acaba de romper el espejo.

---

**hay**   HEI   nombre                          el heno, la hierba seca
The horse eats hay.
El caballo come el heno.

---

**he**   HI   pronombre                        él
He is looking at the television antenna.
El mira la antena de la televisión.

---

**head**   HED   nombre                       la cabeza
I am turning the doll's head.
Yo volteo la cabeza de la muñeca.

---

**health**   HELTH   nombre                   la salud
Fruit is good for your health.
La fruta es buena para la salud.

---

**to hear**   HIR   verbo                     oír
Do you hear the music?
¿Oye usted la música?

---

**heart**   HAHRT   nombre                    el corazón
The heart is full of blood.
El corazón está lleno de sangre.

---

**Hearty appetite!**            expresión     ¡Buen provecho!
   HAHR-ti AP-∅-tait          idiomática
Hearty appetite to everyone.
¡Buen provecho a todo el mundo!

---

**heavy**   HEV-i   adjetivo                   pesado (masc.),

235

                                    pesada (fem.)

        The piano is heavy.
        El piano es pesado.

---

**helicopter**   HEL-i-kap-tər    nombre     el helicóptero
        The helicopter goes to the airport.
        El helicóptero va al aeropuerto.

---

**hello**   he-LOH    interjección       ¡Hola!
        When I see my friend I say "Hello."
        Cuando veo a mi amigo yo le digo "¡Hola!"

---

**help!**   HELP    interjección       ¡Socorro!
        Help! I cannot swim.
        No puedo nadar. ¡Socorro!

  **to help**     verbo          ayudar
        Michael is helping me carry the record player.
        Miguel me ayuda a cargar el tocadiscos.

---

**her, to her**   HUR    pronombre    le, la, a ella
        I speak to her.
        Yo le hablo a ella.
        I see her.
        Yo la veo.

---

**her**   HUR    adjetivo         su, sus
        It is her ribbon.
        Es su cinta.

---

**here**    HIR      adverbio                      aquí
            Spanish is spoken here.
            Aquí se habla español.
            All the pupils are here today.
            Todos los alumnos están aquí hoy.

**to hide**    H<u>A</u>ID      verbo                    esconder
            He hides the present in the closet.
            El esconde el regalo en el armario.

    **(to play) hide-and-seek**      expresión      jugar a las
         h<u>ai</u>d-n-SIK            idiomática      escondidas
            He is playing hide-and-seek.
            El juega a las escondidas.

**high**    H<u>AI</u>      adjetivo                  alto (masc.),
                                               alta (fem.)
            The mountain is very high.
            La montaña es muy alta.

**highway**    H<u>AI</u>-wei      nombre      la carretera
            There are many cars on the highway.
            Hay muchos coches en la carretera.

**him, to him**    H<u>I</u>M      pronombre      le, a él, lo
            I speak to him.
            Yo le hablo a él.
            I see him.
            Yo lo veo.

---

**his**   HIZ    adjetivo               su, sus
             It is his towel.
             Es su toalla.

---

**history**   HIS-tø-ri    nombre      la historia
             Do you like the history teacher?
             ¿Te gusta el profesor de historia?

---

**to hit**   HIT    verbo           pegar, golpear
             He hits his finger with the hammer.
             Se pegaen al dedo con el martillo.

---

**hole**   HOHL    nombre       el agujero, el hoyo
             There is a hole in my glove.
             Hay un agujero en mi guante.

---

**holiday**   HAL-i-dei    nombre     el día de fiesta
             January first is a holiday.
             El primero de enero es día de fiesta.

---

**home**   HOHM    nombre        la casa
             I return home at four o'clock.
             Vuelvo a casa a las cuatro de la tarde.

  **at the home of**    expresión     en casa de
                         idiomática

---

**homework**   HOHM-wurk    nombre    la tarea, las tareas
             I have just finished my homework.
             Yo acabo de terminar mi tarea.

---

**(in) honor of**   in AN-ør øv    expresión    en honor de
                         idiomática
             The party is in honor of our teacher.
             La fiesta es en honor de nuestra maestra.

---

**to hope**   HOHP    verbo         esperar
             He hopes to get a letter.

El espera recibir una carta.

---

**(to play) hopscotch**   expresión      jugar a la rayuela
   HAP-sk<u>a</u>ch       idiomática
   They are playing hopscotch in the playground.
   Ellas juegan a la rayuela en el patio de recreo.

---

**hoop**   HUP   nombre                 el aro
   It is my brother's hoop.
   Es el aro de mi hermano.

---

**horse**   H<u>AWR</u>S   nombre         el caballo
   The boy rides a horse.
   El muchacho monta a caballo.

---

**hospital**   H<u>A</u>S-pi-t<u>e</u>l   nombre    el hospital
   The doctor at the hospital vaccinates me.
   El doctor del hospital me vacuna.

---

**(it is) hot**  <u>it iz</u> H<u>A</u>T   expresión      hace calor
                     idiomática
   It is hot in July.
   Hace calor en julio.
   **(to be) hot**              expresión      tener calor
                     idiomática
   Irene is hot in summer.
   Irene tiene calor en el verano.

---

**hotel**   h<u>oh</u>-TEL   nombre        el hotel
   The hotel is very tall.
   El hotel es muy alto.

---

---

**hour**    O<u>W</u>R     nombre             la hora
There are twenty-four hours in one day.
Hay vienticuatro horas en un día.

   **half hour**      expresión        la media hora
                   idiomática

---

**house**    H<u>OW</u>S     nombre          la casa
The house is on a mountain.
La casa está en una montaña.

   **dollhouse**       nombre          la casa de muñecas

---

**how much,**    H<u>OW</u> M<u>E</u>CH    adverbio    ¿cuánto? ¿cuántos?
**how many**    H<u>OW</u> MEN-i                ¿cuántas? (fem.)
How many turtles do you have?
¿Cuántas tortugas tienes tú?

---

**humid**    HYU-m<u>i</u>d    adjetivo        húmedo (masc.),
                                    húmeda (fem.)
         The air is humid.
         El aire está húmedo.

---

**hundred**    H<u>E</u>N-dr<u>e</u>d    adjetivo      cien
There are one hundred people at the beach!
¡Hay cien personas en la playa!

   **one hundred**                   ciento

---

**(to be) hungry**      expresión        tener hambre
     H<u>E</u>NG-gri      idiomática

The baby is crying because he is hungry.
El bebé llora porque tiene hambre.

**Are you hungry?**     expresión          ¿Tiene usted hambre?
                        idiomática           ¿Tienes tú hambre?

---

**hunter**  HEN-ter    nombre              el cazador
The hunter climbs the mountain.
El cazador sube la montaña.

---

**Hurray!**  he-REI    interjección        ¡Bravo! ¡Olé!
The dog shakes hands with me and I
   say "Hurray!"
El perro me saluda y yo digo "¡Olé!"

---

**I**

---

**I**  AI    pronombre                   yo
I am a boy.
Yo soy muchacho.

---

**ice**  AIS    nombre                   el hielo
Emily puts ice in her soda.
Emilia pone hielo en su refresco.

---

**ice cream**  ais KRIM    nombre        el helado, la nieve
Do you like chocolate ice cream?
¿Te gusta el helado de chocolate?
   (la nieve de chocolate)

---

**ice-skate**  AIS-SKEIT    nombre       el patín de hielo
Too bad! My ice-skates are too small!
¡Qué lástima! Mis patines son demasiado chicos.

**to ice-skate**    verbo                patinar en el hielo
The children are ice-skating.
Los niños patinan en hielo.

---

---

**idea**   <u>ai</u>-DI-ǫ́    nombre                 la idea
He always has good ideas.
Él siempre tiene buenas ideas.

---

**if**   <u>I</u>F    conjunción            si
If I wash the dishes, I may go to the movies.
Si lavo los platos, yo puedo ir al cine.

---

**immediately**   <u>i</u>-MI-di-<u>it</u>-li    adverbio     inmediatamente,
en seguida
When Mother calls me, I answer immediately.
Cuando mamá me llama, contesto en seguida.

---

**important**   <u>i</u>m-PAWR-tent    adjetivo     importante
It is important to study.
Es importante estudiar.

---

**impossible**   <u>i</u>m-P<u>AS</u>-<u>i</u>-bǫl    adjetivo     imposible
It is impossible to do the homework.
Es imposible hacer la tarea.

---

**in**   <u>I</u>N    preposición           en
We are in the museum.
Nosotros estamos en el museo.

---

**inexpensively**   <u>i</u>n-<u>ik</u>-SPEN-s<u>iv</u>-li    adverbio     barato, a
poco costo
They are selling tomatoes inexpensively.
Ellos venden barato los tomates.

---

**insect**   <u>I</u>N-sekt    nombre         el insecto
The bee is an insect.
La abeja es un insecto.

---

**intelligent**   <u>i</u>n-TEL-<u>i</u>-djǫnt    adjetivo     inteligente
My cousin is very intelligent.
Mi primo es muy inteligente.

---

---

**intentionally** in-TEN-sh∉n-∉l-li    adverbio       adrede, con
                                                    intención
> My brother hides the ball intentionally.
> Mi hermano esconde la pelota adrede.

---

**interesting** IN-ter-∉s-ting    adjetivo    interesante
> It is interesting to play checkers.
> Es interesante jugar a las damas.

---

**into** IN-tu    preposición           en
> She goes into the drug store.
> Ella entra en la farmacia.

---

**to introduce** in-tr∉-DUS    verbo       presentar
> Please introduce your friend to me.
> Preséntame a tu amigo, por favor.

---

**to invite** in-VAIT    verbo           invitar, convidar
> The airline stewardess invites us to go into
>     the airplane.
> La camarera nos invita a entrar en el avión.

---

**iron (metal)** AI-∉rn    nombre       el hierro
> The nail is made of iron.
> El clavo está hecho de hierro.

---

**to iron** AI-∉rn    verbo           planchar
> My grandmother is ironing a table cloth.
> Mi abuela plancha un mantel.

---

**is** IZ    verbo               Él es, Ella es, Uno es . . .

  **isn't it?** IZ-int it?   expresión    ¿No?, ¿No es verdad?
  **isn't that true?**    idiomática
  **isn't that so?**
> The fog is dreadful, isn't it?
> La niebla es terrible, ¿no?

  **is located**         expresión    se encuentra

iz LOH-kei-ted        idiomática      se encuentran, está, están
                Where is the supermarket located?
                ¿Dónde se encuentra el supermercado?

---

**island**  A̲I-lənd    nombre                    la isla
                They speak Spanish on the island of Puerto Rico.
                Hablan español en la isla de Puerto Rico.

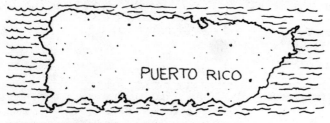

**it**  I̲T    pronombre                          lo, la
                I'll take it.
                Lo tomo.

**It is a pity!**  it iz ∉ PI̲T-i    expresión          ¡Qué lástima!
                                    idiomática
                You don't hear the music? It is a pity!
                ¿No oyes la música? ¡Qué lástima!

---

**its**  I̲TS    pronombre                        su
                The dog plays with its ball.
                El perro juega con su pelota.

---

# J

---

**jacket**  DJAK-it̲    nombre                la chaqueta, el saco
                I am going to buy a jacket.
                Voy a comprar un saco.

---

**jam**  DJAM    nombre                    la conserva
                He likes cherry jam.

A él le gusta la conserva de cereza.

---

**January** DJAN-yu-er-i nombre el enero
How many days are there in the month
of January?
¿Cuántos días hay en el mes de enero?

---

**jet airplane** (See **airplane**)

---

**jewel** / DJU-el nombre la joya,
**(jewelry)** DJU-el-ri las joyas
The burglar hides the jewelry.
El ladrón esconde las joyas.

---

**juice** DJUS nombre el jugo
Ann is pouring juice into a glass.
Ana sirve jugo en un vaso.

**orange juice** nombre el jugo de naranja

---

**July** dju-LAI nombre el julio
It does not snow in July in New York.
No nieva en julio en Nueva York.

---

**to jump** DJEMP verbo brincar, saltar
The grasshopper jumps in the field.
El chapulín salta en el campo.

**to jump rope** expresión brincar la cuerda
idiomática

---

**June**   DJUN      nombre                    el junio
We go on a picnic in June.
Nosotros salimos en día de campo en junio.

# K

**kangaroo**   kang-g∅-RU      nombre      el canguro
There is a kangaroo in the zoo.
Hay un canguro en el jardín zoológico.

**to keep**   KIP      verbo                    guardar
My father keeps a photograph in his pocket.
Mi padre guarda una fotografía en la bolsa
   (el bolsillo).

**key**   KI      nombre                    la llave
The key is in the drawer.
La llave está en el cajón.

**to kick**   KIK      expresión          dar patadas
                  idiomática
Alice kicks the stone.
Alicia da patadas a la piedra.

**to kill**   KIL      verbo                    matar
The hunter tries to kill the elephant.
El cazador trata de matar el elefante.

**kilometer**   KIL-∅-mi-t∅r      nombre      el kilómetro
We live (six miles) 10 kilometers from
   the museum.
Vivimos a diez kilómetros del museo.

**kind**   KAIND      adjetivo      bondadoso, generoso,
                              bondadosa, generosa (fem.)
My aunt is kind.
Mi tía es bondadosa.

| **What kind of?** | expresión idiomática | ¿Qué clase de . . . ? ¿Qué tipo de . . . ? |
|---|---|---|

---

**king**   KING   nombre                          el rey
What is the king's name?
¿Cómo se llama el rey?

---

**kiss**   KIS   nombre                            el beso
I give my little sister a kiss.
Yo le doy un beso a mi hermanita.

---

**kitchen**   KICH-ɇn   nombre                     la cocina
The kitchen in our apartment is very small.
La cocina de nuestro apartamento es
   muy pequeña.

---

**kite**   KAIT   nombre                           el papalote, el cometa
There are three kites in the air.
Hay tres papalotes en el aire.

---

**kitten**   KIT-ɇn   nombre                       el gatito
The kitten is sleeping
El gatito duerme.

---

**knee**   NI   nombre                             la rodilla
I wash my knees.
Yo me lavo las rodillas.

---

**knife**   NAIF   nombre                          el cuchillo

247

**knives**  (plural)
>> My sister cuts a grapefruit with a knife.
>> Mi hermana corta una toronja con un cuchillo.

---

**to knit**  NIT   verbo                          tejer
>> Patricia is knitting a sweater.
>> Patricia teje un suéter.

---

**door knob**  (See **door**)

---

**to knock**  NAK   verbo                          tocar
>> The policeman knocks at the door.
>> El policía toca a la puerta.

---

**to know**  NOH   verbo                saber, conocer
>> I do not know the address.
>> Yo no sé la dirección.

  **to know somebody**                          conocer a
    (See **to be acquainted with**)
>> I know Paul.
>> Conozco a Pablo.

  **to know how to**        expresión       saber
                            idiomática
>> He knows how to play chess.
>> El sabe jugar al ajedrez.

---

# L

---

**lake**  LEIK   nombre                      el lago
>> There is a boat in the middle of the lake.
>> Hay un barco en medio del lago.

---

**lamb**  (See **sheep**)

---

**lambchop**  LAM-chap   nombre      la chuleta de cordero

Do you want two lambchops?
¿Quiere usted dos chuletas de cordero?

---

**lamp**     LAMP     nombre                  la lámpara
He is seated near a lamp.
El está sentado cerca de una lámpara.

---

**large**    LAHRDJ   adjetivo                grande
It is a large truck.
Es un camión grande.

---

**last**     LAST     adjetivo                último (masc.),
                                             última (fem.)
It is my last stamp.
Es mi último sello.

**last one**  last WEN   pronombre      el último (masc.),
                                          la última (fem.)
Virginia is the last one in the row.
Virginia es la última en la fila.

---

**late**     LEIT     adverbio                tarde
I come to the station late.
Yo llego tarde a la estación.

---

**later**    LEI-ter  adverbio                más tarde
Now I am studying; later I am going to play with
  my friends.
Ahora yo estudio; más tarde voy a jugar con
  mis amigos.

---

**to laugh**  LAF     verbo                  reír, reírse
She laughs when she sees the clown.
Ella se ríe cuando ve al payaso.

---

**lawyer**   LAW-yer  nombre      el abogado, el licenciado
Lawyers are intelligent.
Los abogados son inteligentes.

---

---

**lazy**   LEI-zi   adjetivo             perezoso (masc.),
                                          perezosa (fem.)
Students are lazy when it is warm.
Los estudiantes son perezosos cuando
    hace calor.

---

**to lead**   LID    verbo                 dirigir, guiar
I lead the child to the swing.
Yo guío al niño al columpio.

---

**leader**   LI-der    nombre            el jefe
We are playing "Follow the Leader."
Estamos jugando a "Seguir al jefe."

---

**leaf**   LIF    nombre              la hoja
**leaves**   (plural)
There are many leaves on the ground in autumn.
Hay muchas hojas en la tierra en otoño.

---

**to leap**   LIP    verbo                saltar
The dog leaps from the sofa when he hears
    Mother's voice.
El perro salta del sofá cuando oye la voz
    de mamá.

**(to play) leap-frog**    expresión      jugar a "salta la
                               idiomática       burra"

---

**to learn**   L<u>UR</u>N    verbo                aprender

He likes to learn English.
A él le gusta aprender inglés.

---

**leather**  LETH-ər  nombre              el cuero
My sister's skirt is made of leather.
La falda de mi hermana es de cuero.

---

**to leave**  LIV  verbo                    irse, salir, partir
The secretary leaves the office.
La secretaria sale de la oficina.

   **to leave something**  expresión          dejar
                          idiomática

---

**left**  LEFT          expresión      a la izquierda
                        idiómatica
The table is to the left of the armchair.
La mesa está a la izquierda del sillón.

---

**leg**  LEG  nombre                la pierna
The baby's legs are short.
Las piernas del bebé son cortas.

---

**lemon**  LEM-ən  nombre          el limón
I am going to buy some lemons.
Voy a comprar unos limones.

---

**to lend**  LEND  verbo              prestar
Can you lend me your camera?
¿Puedes prestarme tu cámara?

---

**leopard**  LEP-ərd  nombre          el leopardo
The leopard is in the tree.
El leopardo está en el árbol.

---

**less**  LES  adverbio                menos
Ten less two are eight.
Diez menos dos es (son) ocho.

---

**lesson**    LES-ø̸n    nombre         la lección
            The lesson is interesting.
            La lección es interesante.

---

**Let's**    LETS      expresión        Vamos a
**(let us)**           idiomática
            Let's eat!
            ¡Vamos a comer!

---

**letter**    LET-ø̸r    nombre        la letra, la carta
            There are 26 letters in the English alphabet.
            Hay veintiséis letras en el alfabeto inglés.
            Here is a letter from my friend.
            Aquí hay una carta de mi amigo.

---

**lettuce**    LET-is    nombre       la lechuga
            Lettuce is green.
            La lechuga es verde.

---

**library**    LAI-brer-i    nombre      la biblioteca
            You have to speak softly when you are in
              the library.
            Tienes que hablar quedito cuando estás en
              la biblioteca.

---

**lie**    LAI    nombre           la mentira
            I never tell lies!
            ¡Yo nunca digo mentiras!

---

---

**light**   L<u>AI</u>T     nombre                      la luz
The lamp gives light.
La lámpara da luz.

---

**light**   L<u>AI</u>T     adjetivo         claro (masc.), clara (fem.),
                                     ligero (masc.), ligera (fem.)
This is a very light color.
Es un color muy claro.
The curtains are very light; they are not heavy.
Las cortinas son muy ligeras; no son pesadas.

---

**lightning**   L<u>AI</u>T-n<u>i</u>ng   nombre     el relámpago
I do not want to see the lightning.
No quiero ver el relámpago.

---

**to like**   L<u>AI</u>K     verbo             gustar
We like to play basketball.
Nos gusta jugar al básquetbol.
We like apples.
Nos gustan las manzanas.

---

**(ocean) liner**     nombre     el transatlántico,
   <u>oh</u>-sh¢n L<u>AI</u>-n¢r          trasatlántico
Do you see the ocean liner?
¿Ve usted el transatlántico?

---

**lion**   L<u>AI</u>-¢n     nombre           el león
The lion is frightening.
El león es espantoso.

---

**lip**   L<u>I</u>P     nombre                el labio
The teacher puts her finger to her lips.
La maestra lleva el dedo a los labios.

---

**to listen**   L<u>I</u>S-¢n     verbo         eschuchar
My sister is listening to the record.
Mi hermana está escuchando el disco.

---

---

**little**   LIT-l     adjetivo               pequeño (masc.),
                                                  pequeña (fem.)

        He has a little car.
        Tiene un coche pequeño.

 **(a) little**   LIT-l     adverbio       un poco, un poquito
        Just a little coffee, please.
        Un poco de café, por favor.

---

**to live**   LIV     verbo            vivir
        Fish live in water.
        Los peces viven en el agua.

---

**living room**   LIV-ing rum     nombre     la sala

        The boys watch television in the living room.
        Los muchachos miran la televisión en la sala.

---

**is located**   (See **is**)

---

**lollypop**   LAL-i-PAP     nombre     el caramelo
        Which lollypop do you want?
        ¿Qué caramelo quieres?

---

**no longer**   noh LAWNG-ger     adverbio     ya no
        I no longer play the violin.
        Ya no toco el violín.

---

**to look (at)**   LAUHK     verbo     mirar

They are looking at the snowman.
Ellos miran al hombre (hecho) de nieve.

**to look at oneself**        expresión        mirarse
                              idiomática

The princess looks at herself in the mirror.
La pincesa se mira en el espejo.

**to look after**            expresión        cuidar de
**(to watch over)**          idiomática

The tiger looks after the baby tigers.
El tigre cuida de los tigrecitos.

**to look for**              expresión        buscar
                             idiomática

Mom is always looking for her glasses.
Mamá siempre busca sus lentes.

---

**to lose**  LUZ    verbo                    perder

Careful! You are going to lose your ribbon.
¡Cuidado! Tú vas a perder tu cinta.

---

**a lot**  LAT    adverbio                   mucho

There is a lot of bread in the bakery.
Hay mucho pan en la panadería.

---

**loud**  LOWD    adjetivo             fuerte, alto (masc.),
                                            alta (fem.)

The jet airplane makes a loud noise.
El avión (a chorro) hace un ruido fuerte.

**in a loud voice**          expresión        en voz alta
                             idiomática

**loudly**                   adverbio        fuerte

Do not play the radio so loudly!
¡No toques el radio tan fuerte!

---

**to love**  LƎV    verbo                    amar, querer

I love my dog.
Yo quiero a mi perro.

---

**love**   LÉV   nombre                          el amor, el cariño

I have a great love for my grandmother.
Yo le tengo un gran cariño a mi abuela.

---

**low**   L<u>OH</u>   adjetivo                    bajo (masc.),
                                                   baja (fem.)

The baby has a low chair.
El bebé tiene una silla baja.

   **in a low voice**   expresión              en voz baja
                        idiomática

---

**to lower**   L<u>OH</u>-ør   verbo            bajar

The boy lowers his head because he is ashamed.
El muchacho baja la cabeza porque tiene
   vergüenza.

---

**luck**   LÉK   nombre                         la suerte

You have a turtle? You are lucky!
¿Tú tienes una tortuga? ¡Qué suerte tienes!

   **Good luck!**      expresión               ¡Buena suerte!
                       idiomática

   **to be lucky**     expresión               tener suerte
                       idiomática

---

---

**luggage**    LÉG-idj    nombre          el equipaje
I put the luggage into the car.
Yo pongo el equipaje en el auto.

**lunch**    LÉNCH    nombre         el almuerzo
I eat a sandwich for lunch.
Yo tomo un sándwich para el almuerzo.

     **lunchtime**    nombre        la hora del almuerzo

---

# M

**machine**    mé-SHIN    nombre      la máquina
The vacuum cleaner is a useful machine.
La aspiradora es una máquina útil.

     **washing machine**    nombre      la máquina de lavar

---

**mad**    MAD    adjetivo        furioso, loco (masc.),
                                         furiosa, loca (fem.)
They say there is a mad bear in the forest.
Dicen que hay un oso furioso en el bosque.

---

**made of**    MEID év    expresión      de, hecho de
                     idiomática
The shirt is made of nylon.
La camisa es de nilón .

---

**maid**    MEID    nombre         la sirvienta, la criada
We do not have a maid.
Nosotros no tenemos criada.

---

**to mail (a letter)**    MEIL (é let-ér)    expresión    echar una carta
                                   idiomática
Anthony mails a letter to his cousin.
Antonio echa una carta para su primo.

     **mailbox**    nombre         el buzón
There is a mailbox on the corner of the street.

Hay un buzón en la esquina de la calle.

**mailman**          nombre                          el cartero
The mailman comes at ten o'clock.
El cartero llega a las diez.

---

**to make**  MEIK      verbo                        hacer
Josephine is making a dress.
Josefina hace un vestido.

---

**mama, mom**          Ma-mø, MAM      nombre      mamá,
**mommy, mother**  MAⱫmi, MEⱫTH-ør                  mamacita
Mama is pretty.
Mamá es bonita.

---

**man**  MAN      nombre                          el hombre
**men**  (plural)
The man is seated in the park.
El hombre está sentado en el parque.

---

**many**  MEN-i      adjetivo                  muchos (masc.),
                                                  muchas (fem.)
There are many bicycles near the school.
Hay muchas bicicletas cerca de la escuela.

**how many**                          ¿Cuántos? ¿Cuántas?

**so many**                           tantos, tantas

**too many**                          demasiados, demasiadas

---

**map**  MAP      nombre                          el mapa

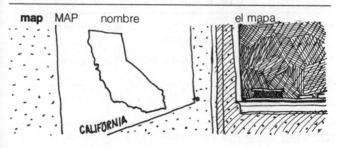

CALIFORNIA

Do you have a map of the state of California?
¿Tienes un mapa del estado de California?

---

**marble**   MAHR-b¢l    nombre       la canica
How many marbles do you have?
¿Cuántas canicas tienes tú?

---

**March**   MAHRCH    nombre       el marzo
March is the month between February and April.
Marzo es el mes entre febrero y abril.

---

**mark (in school)**   MAHRK    nombre       la nota
My mark in music is very good.
Mi nota en música es muy buena.

---

**market**   MAHR-kit    nombre       el mercado
They sell vegetables at the market.
Venden legumbres en el mercado.

   **supermarket**    nombre       el supermercado

---

**to marry**   MAR-i    verbo       casarse
The actor marries the actress.
El actor se casa con la actriz.

---

**marvelous!**   MAHR-v¢-l¢s    interjección       ¡maravilloso!
You are going to Mexico by airplane? Marvelous!
¿Tú vas a Méjico en avión? ¡Maravilloso!

---

**match**   MACH    nombre       el cerillo; el fósforo
A match is not a toy.
Un cerillo no es un juguete.

---

**no matter!**   NOH MAT-¢r    interjección       No importa
It is raining today? No matter!
¿Llueve hoy? No importa.

---

**what's the matter?**    expresión       ¿Qué pasa?
   whats th¢ MAT-¢r    idiomática

What's the matter? You look sad.
¿Qué pasa? Te ves triste.

---

**May I?**    MEI <u>ai</u>    verbo       ¿Yo puedo? ¿Puedo yo?
May I go to Susan's house?
¿Puedo (yo) ir a la casa de Susana?

---

**maybe**    MEI-bi    adverbio      puede ser, quizás,
                                  tal vez
Are we going to the city this afternoon? Maybe.
¿Vamos a la ciudad esta tarde? Puede
  ser (quizás).

---

**May**    MEI    nombre         el mayo
May is my favorite month.
El mes de mayo es mi mes favorito.

---

**me, to me**   MI   pronombre      me, a mí
He gives me a balloon.
Él me da un globo.

---

**meal**   MIL   nombre        la comida
I eat three meals every day.
Yo como tres comidas todos los días.

---

**to mean**   MIN    expresión      querer decir
                   idiomática
What does this sentence mean?
¿Qué quiere decir esta oración?

---

**meat**   MIT   nombre                    la carne
What kind of meat do you like?
¿Qué clase de carne le gusta a usted?

**mechanic**   me-KAN-ik   nombre       el mecánico
The mechanic is in the garage.
El mecánico está en el garage.

**medicine**   MED-i-sin   nombre       la medicina
I don't like the medicine.
No me gusta la medicina.

**to meet**   MIT   verbo          encontrar, encontrarse con
I meet my uncle in the store.
Yo encuentro a mi tío en la tienda.

**member**   MEM-ber   nombre          el socio, el miembro
Do you know all the members of the team?
¿Conoces tú a todos los miembros del equipo?

**men**   (See **man**)

**menu**   MEN-yu   nombre          el menú, la carta
I am reading the menu aloud.
Yo leo el menú en voz alta.

**merry-go-round**       nombre       el tiovivo, los
MER-i-goh-rownd                      caballitos
I like the music of the merry-go-round.
Me gusta la música del tiovivo.

**in the middle of**   preposición       en medio de
in the MID-l ev
I put the salt in the middle of the table.
Pongo la sal en medio de la mesa.

**midnight**   MID-nait   adverbio          la medianoche

My parents go to bed at midnight.
Mis padres se acuestan a medianoche.

---

**mile**   MAIL   nombre                     la milla
My cousin lives ten miles from my house.
Mi prima vive a diez millas de mi casa.

---

**milk**   MILK   nombre                     la leche
Milk is good for children.
La leche es buena para los niños.

---

**million**   MIL-yәn   nombre         el millón
Are there a million books in the library?
¿Hay un millón de libros en la biblioteca?

---

**never mind!**   (See **no matter!**)

---

**minute**   MIN-it   nombre              el minuto
How many minutes are there in a half hour?
¿Cuántos minutos hay en (una) media hora?

---

**mirror**   MIR-әr   nombre              el espejo
There is a mirror in the bedroom.
Hay un espejo en la recámara.(la alcoba).

---

**Miss**   MIS   nombre               la señorita
  **Ms.**   MIZ
Miss Dooley, what time is it?
Señorita Dooley, ¿qué hora es?

---

**mistake**   mis-TEIK   nombre      la falta, la equivocación,
                                       el error
Margaret makes many mistakes.
Margarita comete muchas faltas.

---

**to mix**   MIKS   verbo                 mezclar
Anne is mixing vegetables in the soup.
Ana mezcla las legumbres en la sopa.

---

---

**moist**   M<u>OI</u>ST   adjetivo                          húmedo (masc.),
                                                                húmeda (fem.)

   The towel is moist.
   La toalla está húmeda.

---

**moment**   MOH-m<s>e</s>nt   nombre         el momento
   I am going to the basement for a moment.
   Voy al sótano por un momento.

---

**Monday**   M<s>E</s>N-dei   nombre          el lunes
   I am sleepy on Mondays.
   Tengo sueño los lunes.

---

**money**   M<s>E</s>N-i   nombre              el dinero
   How much money do you have?
   ¿Cuánto dinero tienes tú?

---

**monkey**   M<s>E</s>NG-ki   nombre          el mono
   The monkey is amusing.
   El mono es divertido.

---

**month**   M<s>E</s>NTH   nombre             el mes
   We have three months of winter.
   Tenemos tres meses de invierno.

---

**moon**   MUN   nombre                        la luna
   The moon is far from the earth.
   La luna está lejos de la tierra.

---

**more**   MAWR    adverbio             más
Do you want some more cake?
¿Quieres más torta?

**morning**   MAWR-ning    nombre    la mañana
What time do you get up in the morning?
¿A qué hora te levantas por la mañana?

**mosquito**   mes-KI-toh    nombre    el zancudo,
                                               el mosquito
The mosquito is flying near the ceiling.
El mosquito vuela cerca del cielo raso.

**mother**   (See **mama**)

**mother**   METH-er    nombre    la madre
The baby's mother plays with him.
La madre del bebé juega con él.

**mountain**   MOWN-ten    nombre    la montaña
I would like to climb the mountain.
Me gustaría subir la montaña.

**mouse**   MOWS    nombre            el ratón
**mice**   (plural)    MAIS
Mice eat cheese.
Los ratones comen queso.

**mouth**   MOWTH    nombre    la boca

The boy opens his mouth when he sings.
El muchacho abre la boca cuando canta.

---

**Mr. (Mister)**   MIS-ter    nombre      el señor
Mr. Foster is my uncle.
El señor Foster es mi tío.

---

**to move**   MUV    verbo          mover
I move my legs when I walk.
Yo muevo las piernas cuando camino.

---

**movie**   MU-vi    nombre       la película
The movie is interesting.
La película es interesante.

**movies**         nombre        el cine
Let's go the movies on Saturday.
Vamos al cine el sábado.

---

**much**   MECH    adverbio      mucho
Do they study much?
¿Estudian mucho?

**how much (many)?**    adverbio    ¿Cuánto? ¿Cuántos?
                                           ¿Cuántas?

**so much (many)**    adverbio    tanto, tantos, tantas

**too much (many)**    adverbio    demasiado,
                                           demasiados,
                                         demasiadas

---

**mud**   MED    nombre       el lodo
My books are covered with mud.
Mis libros están cubiertos de lodo.

---

**museum**   myu-ZI-em    nombre    el museo
Is the museum open on Sunday?
¿Está abierto el museo el domingo?

---

---

**music**   MYU-zik    nombre          la música
They are playing music on television.
Tocan música en la televisión.

**musician**   myu-ZISH-ən    nombre     el músico
The musician is handsome.
El músico es guapo.

---

**(one) must,**   MEST    expresión        hay que
**(you) must**           idiomática
You must drink milk!
¡Hay que beber leche!

---

**my**   MAI    adjetivo          mi, mis
My bicycle is black.
Mi bicicleta es negra.

---

**myself**   mai-SELF    pronombre     me, mismo,
                                           misma (fem.)
I can do it myself!
¡Yo mismo puedo hacerlo!

# N

---

**nail**   NEIL    nombre          la uña
I have ten finger nails.
Tengo diez uñas.

---

**nail (metal)**   NEIL .    nombre     el clavo
The nails are in the bottle.
Los clavos están en la botella.

---

**name**   NEIM    nombre     el nombre
What is your name?
¿Cuál es su nombre? (¿Cómo se llama usted?)

---

**napkin**   NAP-kin    nombre     la servilleta
The napkin is on the table.

La servilleta está en la mesa.

---

**narrow**   NAR-<u>oh</u>   adjetivo   estrecho (masc.),
estrecha (fem.)
The box is too narrow for the book.
La caja es demasiado estrecha para el libro.

---

**nation**   NEI-sh<s>e</s>n   nombre   la nación
There are many flags at the United Nations.
Hay muchas banderas en las Naciones Unidas.

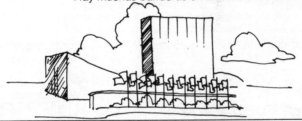

---

**national**   NASH-<s>e</s>n-<s>e</s>l   adjetivo   nacional
My cousin works in a national office.
Mi primo trabaja en una oficina nacional.

---

**naughty**   N<u>AW</u>-ti   adjetivo   desobediente,
travieso, pícaro (masc.)
traviesa, pícara (fem.)
George hits his friend. He is naughty.
Jorge le pega a su amigo. Es travieso.

---

**near**   NIR   preposición   cerca de
The grocery store is near the drug store.
La tienda está cerca de la farmacia.

---

**(It is) necessary**   expresión   hay que
<u>it</u> <u>iz</u> NES-<s>e</s>-ser-i   idiomática
It is necessary to go to work.
Hay que ir a trabajar.

---

---

**neck**  NEK  nombre                                   el cuello
Simon says: "Touch your neck."
Simón dice: "Tóquense el cuello."

---

**to need**  NID  verbo                           necesitar, hacer falta
The astronaut needs air.
El astronauta necesita aire.

---

**needle**  NID-I  nombre                             la aguja
She has a needle in her hand.
Ella tiene una aguja en la mano.

---

**neighbor**  NEI-ber  nombre                   el vecino (masc.)
                                                                      la vecina (fem.)

My neighbor has a beard.
Mi vecino tiene barba.

---

**nephew**  NEF-yu  nombre                      el sobrino
Peter is my nephew.
Pedro es mi sobrino.

---

**nest**  NEST  nombre                               el nido
The bird is flying toward the nest.
El pájaro vuela hacia el nido.

---

**never**  NEV-er  forma neg.                    nunca, jamás
I never go into the woods.
Yo nunca voy al bosque.

---

---

**new**    NU    adjetivo                nuevo (masc.),
                                          nueva (fem.)
               Here is my new pillow.
               Aquí está mi almohada nueva.

   **New Year's Day**    nombre     el Día de Año Nuevo

---

**newspaper**    NUZ-pei-p*er*    nombre     el periódico
               The newspaper is interesting.
               El periódico es interesante.

---

**next**    NEKST    adjetivo               próximo (masc.),
                                        próxima (fem.)
               I am going to Europe next year.
               Voy a Europa el año próximo.

   **next to**     adverbio           al lado de, próximo a
   **(at the side of)**

---

**nice**    NAIS    adjetivo               agradable
               My neighbor is a nice person.
               Mi vecino es una persona agradable.

---

**niece**    NIS    nombre               la sobrina
               Jane is my niece.
               Juanita es mi sobrina.

---

**night**    NAIT    nombre             la noche
               You can see the moon at night.
               La luna se ve por la noche.

---

**nine**    NAIN    adjetivo               nueve
               It is nine thirty in the morning.
               Son las nueve y media de la mañana.

---

**nineteen**    nain-TIN    adjetivo     diecinueve, diez y
                                         nueve
               He was born on April 19th.
               El nació el diecinueve de abril.

---

---

**ninety**  N<u>AI</u>N-ti   adjetivo            noventa
I know how to count from ninety to one hundred.
Yo sé contar de noventa a ciento.

---

**no**  N<u>OH</u>   adverbio            no
Go to bed. No, I am not sleepy.
Acuéstate. No, no tengo sueño.

**No admittance**   expresión       Prohibido entrar, No entrar
                    idiomática

**No smoking**      expresión       Prohibido fumar
                    idiomática

**no longer**   n<u>ow</u> LAWNG-g<u>er</u>   adverbio       ya no
I`no longer wake up at six o'clock.
Ya no me despierto a las seis.

---

**none**   (See **nothing**)

---

**noise**  NOIZ   nombre            el ruido
We hear the noise of the fire truck.
Nosotros oímos el ruido del camión
   de bomberos.

---

**noon**  NUN   nombre            el mediodía
The bell rings at noon.
La campana suena al mediodía.

---

**north**  N<u>AW</u>RTH   nombre            el norte
Is the mountain to the north or to the south?

¿Está la montaña al norte o al sur?

---

**nose**  NO<u>H</u>Z  nombre  la nariz
What a big nose you have!
¡Qué nariz tan grande tienes!

---

**not**  N<u>A</u>T  adverbio  no
John is not eating now.
Juan no come ahora.

---

**note (musical)**  NO<u>H</u>T  nombre  la nota
Here are the musical notes for the song
   "La Cucaracha."
Aquí están las notas musicales para la canción
   "La Cucaracha."

---

**notebook**  NO<u>H</u>T-bauhk  nombre  el cuaderno
I am drawing a tree in my notebook.
Yo dibujo un árbol en mi cuaderno.

---

**nothing**  N<u>É</u>TH-<u>i</u>ng  pronombre  nada
What is in the basket? Nothing.
¿Qué hay en la canasta? Nada.

---

**November**  n<u>oh</u>-VEM-b<u>é</u>r  nombre  el novembre
Thanksgiving is a holiday in November.
"Thanksgiving" es un día de fiesta en noviembre.

---

**now**  N<u>OW</u>  adverbio  ahora
You have to go to bed now.
Tienes que acostarte ahora.

---

**number**    NEM-ber    nombre       el número
You have a great number of books.
Tú tienes un gran número de libros.

---

**nurse**    NURS    nombre         la enfermera
The nurse is wearing a white dress.
La enfermera lleva un vestido blanco.

---

**nylon**    NAI-lan    nombre       el nylón, el nilón
The parachute is made of nylon.
El paracaídas es de nilón.

---

# O

---

**to obey**    oh-BEI    verbo         obedecer
You have to obey the company's rules.
Tienes que obedecer las reglas de la compañía.

---

**o'clock**    (See **time**)

---

**occupied**    AK-yu-paid    adjetivo     ocupado (masc.),
**(busy)**                                ocupada (fem.)
I am occupied now; I am using the
vacuum cleaner.
Estoy ocupado ahora. Estoy usando
la aspiradora.

---

**ocean**    OH-shen    nombre       el océano
I like to look at the waves in the ocean.
Me gusta mirar las olas del océano.

**ocean liner**       nombre        el transatlántico

---

**October**  ak-TOH-ber   nombre       el octubre
              October is a month of autumn.
              Octubre es un mes de otoño.

**odd**  AD   adjetivo                          raro (masc.),
                                                 rara (fem.)
              It is odd. It is cold in summer.
              Es raro. Hace frío en verano.

**of**  ƒf   preposición                        de
              Here is a book of songs.
              Aquí hay un libro de canciones.

**(a day) off**  e dei AWF   expresión          un día libre
                              idiomática
              My day off is Saturday.
              Mi día libre es el sábado.

**office**  AW-fis   nombre                      la oficina
              The secretary works in an office.
              La secretaria trabaja en una oficina.

**often**  AW-fen   adverbio          con frecuencia, a menudo,
                                       frecuentemente
              I often go by subway.
              Yo voy en el metro con frecuencia.

**oil**  OIL   nombre                    el aceite, el petróleo
              I put oil on my bicycle wheel.
              Pongo aceite a la rueda de mi bicicleta.

**O.K.**  oh-KEI   adjetivo                    de acuerdo
  **all right**  AWL-RAIT
              If it's O.K. with you, I'll pay you later.
              Si usted está de acuerdo, le pagaré después.

**old**  OHLD   adjetivo                        viejo (masc.),
                                                 vieja (fem.)

The turtle is very old.
La tortuga es muy vieja.

**(to be . . . years) old**  (See **age**)

---

**on**  AHN  preposición                en, encima de, sobre
The grapefruit is on the table.
La toronja está en la mesa.

---

**once again**  wǿns ǿ-GEN  adverbio    una vez más
Read the sentence once again.
Lea la oración una vez más.

---

**one**  WEN  adjetivo                un (masc.), una (fem.)
The woman has one broom.
La mujer tiene una escoba.

---

**the one(s) who (that)**  pronombre    el que, el de,
thǿ WEN whu (that)              la que, la de
Here is a small shirt. The one that belongs to
my brother is big.
Aquí hay una camisa pequeña. La de mi
hermano es grande.

---

**onion**  EN-yǿn  nombre            la cebolla
Onions are not expensive.
Las cebollas no son caras.

---

**only**  OHN-li  adjetivo            único, solo (masc.),
única, sola (fem.)
It is the only coat in the closet.
Es el único abrigo en el armario.

**only**  ac'verbio            sólo, solamente
He only works on Tuesdays.
Sólo trabaja los martes.

---

**open**  OH-pǿn  adjetivo            abierto (masc.),
abierta (fem.)

The door is open.
La puerta está abierta.

**to open**         verbo                          abrir
The door is opening the box.
Henry is opening the box.
Enrique abre la caja.

---

**or** <u>AWR</u>     conjunción                        o

What do you want, rolls or bread?
¿Qué quieres? ¿panecillos o pan?

---

**orange** <u>AR</u>-<u>i</u>ndj   nombre                   la naranja
The orange is a fruit.
La naranja es una fruta.

**orange juice**        nombre              el jugo de naranja

---

**orange** <u>AR</u>-<u>i</u>ndj   adjetivo         anaranjado (masc.),
                                                 anaranjada (fem.)
The pumpkin is orange.
La calabaza es anaranjada.

---

**to order** AWR-d⌀r   verbo              mandar, ordenar

Are you ready to order dinner?
¿Está listo para ordenar la comida?

---

**(in) order (to)** <u>i</u>n <u>AWR</u>-d⌀r t⌀   preposición        para

She goes to the museum in order to look
  at the paintings.

Ella va al museo para mirar las pinturas
  (los cuadros).

---

**other, another** ⌀TH-⌀r   adjetivo        otro (masc.),
                                            otra (fem.)

I would like another spoon, please.
Quisiera otra cuchara, por favor.

---

**other**  E̸TH-ə̸r      pronombre              el otro, la otra
I have a lollypop. The others are in the closet.
Tengo un caramelo. Los otros están en el armario.

**our**  <u>OW</u>R      adjetivo              nuestro, nuestros (masc.),
                                              nuestra, nuestras (fem.)
Our dog is naughty today.
Nuestro perro está travieso hoy.

**out of**  <u>OW</u>T ø̸v      preposición              de, por
The princess looks out of the tower.
La princesa mira de la torre.

**to go out**  (See **to go**)

**outside**  <u>OW</u>T-s<u>ai</u>d      adverbio              afuera
The tree is outside.
El árbol está afuera.

**over there**  <u>oh</u>-və̸r <u>THEHR</u>      adverbio      allá
The spider is over there.
La araña está allá.

**to overturn**  <u>oh</u>-və̸r-T<u>UR</u>N      verbo      volver al revés,
                                              virar, volcar
The cat overturns the milk.
El gato vuelve la leche al revés.

**owl**  <u>OW</u>L      nombre      el tecolote, la lechuza, el buho
The owl is a bird.
El tecolote es un pájaro.

**own**  <u>OH</u>N      adjetivo              propio (masc.),
                                              propia (fem.)
It is my own shell!
¡Es mi propia concha!

# P

**package**   PAK-idj     nombre             el paquete
The package is on the desk.
El paquete está en el escritorio.

**page**   PEIDJ     nombre             la página
The picture is on page 20.
El retrato está en la página veinte.

**pail**   PEIL     nombre       la cubeta, el cubo, el balde
The child fills the pail with stones.
El niño llena el cubo de piedras.

**pain**   (See **to have a sore**)

**to paint**   PEINT     verbo            pintar
The artist is painting near the sea.
El artista pinta cerca del mar.

**pair**   PEHR     nombre          el par
I would like to buy a pair of socks.
Me gustaría comprar un par de calcetines.

**pajamas**   pǝ-DJAH-mǝz   nombre   las piyamas,
                                        las pijamas
The pajamas are on the bed.
Las piyamas están en la cama.

---

**palace**    PAL-is    nombre            el palacio
                   The queen arrives at the palace.
                   La reina llega al palacio.

---

**pants**    PANTS    nombre            el pantalón
                                       (los pantalones)
                   The pants are too long for him.
                   El pantalón es muy largo para él.

---

**paper**    PEI-pər    nombre            el papel
                   There are papers on the floor.
                   Hay papeles en el piso.

---

**parachute**    PAR-ø-shut    nombre    el paracaídas
                   The parachute is open.
                   El paracaídas está abierto.

---

**parade**    pø-REID    nombre          el desfile
                   We are watching the parade.
                   Miramos el desfile.

---

**parakeet**    PAR-ø-kit    nombre       el perico
                   Do you have a parakeet?
                   ¿Tienes un perico?

---

**pardon me**    PAHR·døn MI    expresión       ¡perdón!
                                       idiomática
                   Pardon me. What time is it?
                   Perdón. ¿Qué hora es?

---

**parents**    PEHR-ønts    nombre       los padres
                   My parents are kind.
                   Mis padres son bondadosos.

---

**park**    PAHRK    nombre            el parque
                   There is a lake in the park.
                   Hay un lago en el parque.

---

---

**parrot**   PAR-et   nombre        el loro
The parrot has a big beak.
El loro tiene un pico grande.

---

**part**   PAHRT   nombre        el papel
**(in theater)**
I want to play the part of the astronaut.
Yo quiero hacer el papel del astronauta.

---

**party**   PAHR-ti   nombre        la fiesta
I am getting dressed for the party.
Yo me visto para la fiesta.

---

**to pass**   PAS   verbo        pasar
The car is passing the truck on the road.
El auto pasa al camión en el camino.

---

**to paste**   PEIST   verbo        pegar
He is pasting a photograph in the book.
El pega una foto al libro.

---

**path**   PATH   nombre        la senda, la vereda
The path is narrow.
La vereda es angosta.

---

**paw**   PAW   nombre        la pata
The lion has four paws.
El león tiene cuatro patas.

---

**to pay (for)**   PEI   verbo        pagar, pagar por
I'll pay for the package.
Pago (por) el paquete.

---

**Pay attention!**      expresión        ¡Ponga atención!
pei e-TEN-shen      idiomática        ¡Presta atención!
The policeman says, "Pay attention!"
El policía dice, "¡Presta atención!"

---

---

**peas**  PIZ  nombre                     los chícharos, los
                                          guisantes

I like peas.
Me gustan los chícharos (los guisantes).

---

**peach**  PICH  nombre                   el durazno, el
                                          melecotón

The peach is too hard.
El durazno está muy duro.

---

**peanut**  PI-n¢t  nombre                el cacahuete, el
                                          cacahuate, el maní

Does the elephant like to eat peanuts?
¿Le gusta al elefante comer cacahuetes?

---

**pear**  PEHR  nombre                    la pera
Mary has a pear for dessert.
María toma una pera de postre.

---

**pen**  PEN  nombre                      la pluma
Peter writes with a pen.
Pedro escribe con una pluma.

**ballpoint pen**  nombre                 el bolígrafo

---

**pencil**  PEN-sil  nombre               el lápiz
Claire is writing with a pencil.
Clara escribe con un lápiz.

---

**people**  PI-pél      nombre                la gente
           Many people are at the museum.
           Hay mucha gente en el museo.

---

**perhaps**  (See **maybe**)

---

**permission**  pér-MISH-én    nombre      el permiso
           Do you have permission to go to the movies?
           ¿Tienes permiso para ir al cine?

---

**pet**  PET    nombre                        el animal consentido,
                                               el animal mimado
           Do you have a pet?
           ¿Tienes un animal consentido?

---

**pharmacy**  FAHR-mé-si    nombre      la farmacia
           The nurse is entering the pharmacy.
           La enfermera entra en la farmacia.

---

**phonograph**  FOH-né-GRAF     nombre      el fonógrafo,
                                             el tocadiscos
           The record is on the phonograph.
           El disco está en el tocadiscos.

---

**photograph,**  FOH-té-GRAF    nombre      la fotografía,
  **photo**  FOH-TOH                         la foto
           This is a photograph of my brother.
           Ésta es una foto de mi hermano.

---

**piano**  PYA-noh    nombre                el piano
           Diana is playing the piano.
           Diana toca el piano.

---

**to pick**  PIK    verbo                   escoger, recoger
           She is going to pick some cherries.
           Ella va a recoger cerezas.

---

**picnic**  PIK-nik    nombre              un paseo (en el campo)

The picnic is at Olympic Park.
El paseo es en el Parque Olímpico.

---

**picture**   PIK-cher   nombre        el cuadro, el retrato,
                                         el dibjuo, la pintura
           Frances is drawing a picture.
           Francisca dibuja un cuadro.

---

**pie**   PAI   nombre                   el pastel
           My sister is making a pie.
           Mi hermana prepara un pastel.

   **apple pie**            nombre        el pastel de manzana

   **pumpkin pie**          nombre        el pastel de calabaza

   **strawberry pie**       nombre        el pastel de fresa

---

**piece**   PIS   nombre                 el pedazo
           I am eating a piece of bread.
           Yo como un pedazo de pan.

   **piece of paper**    nombre          una hoja de papel

---

**pig**   PIG   nombre                   el cochino, el puerco,
                                         el marrano
           The pig has a little tail.
           El cochino tiene una colita.

---

**piggy-bank**   PIG-i-bangk   nombre        la alcancía,
                                             el marranito
           Peter is putting money in his piggy-bank.
           Pedro pone su dinero en la alcancía.

---

**pillow**   PIL-oh   nombre             la almohada
           The baby's head is on the pillow.
           La cabeza del bebé está en la almohada.

---

**pin**   PIN   nombre                   el prendedor, el broche

Helen is wearing a pin.
Helena lleva un broche.

| | | |
|---|---|---|
| **straight pin** | nombre | el alfiler |

**pilot (airplane)** PAI-lǝt   nombre    el piloto (de avión)
The pilot is handsome.
El piloto es guapo.

**pink** PINGK   adjetivo    color de rosa,
rosado (masc.),
rosada (fem.)
Anne and Arthur like the color pink.
A Ana y Arturo les gusta el color de rosa.

**place (at table)** PLEIS   nombre   el lugar
I put a napkin at each place.
Yo pongo una servilleta en cada lugar.

**planet** PLAN-it   nombre     el planeta
Earth is one of the planets.
La Tierra es uno de los planetas.

**plant** PLANT   nombre     la planta
We have some plants in the living room.
Tenemos algunas plantas en la sala.

**plate** PLEIT   nombre     el plato
I am putting the plate on the table.
Pongo el plato en la mesa.

**to play** PLEI   verbo     jugar
They are playing basketball.
Ellos juegan al básquetbol.

**to play a game**      expresión    jugar a
idiomática

**to play a musical instrument**    expresión      tocar
                                     idiomática
       Philip is playing the violin.
       Felipe toca el violín.

---

**playground**    PLEI-grownd    nombre    el patio de recreo
       The swings are in the playground.
       Los columpios están en el patio de recreo.

---

**pleasant**    PLEZ-ent    adjetivo      agradable;
                                          simpático (masc.),
                                        simpática (fem.)
       The grocer is pleasant.
       El tendero es agradable.

---

**please**    PLIZ    expresión      por favor
                idiomática
       Please give me a book, Miss Davis.
       Déme un libro, por favor, señorita Davis.
       Please give me a book. Claire.
       Dame un libro, por favor, Clarita.

---

**pleasure**    PLEZH-er    nombre    el placer
       What a pleasure to see you again!
       ¡Qué placer verte otra vez!

---

**pocket**    PAK-it    nombre      el bolsillo, la bolsa
       I have a handkerchief in my pocket.
       Tengo un pañuelo en el bolsillo.

**pocketbook**   (See **handbag**)

---

**to point out**   (See **to indicate**)

---

**policeman**   po̸-LIS-me̸n   nombre   el policía,
                                               el gendarme
        The policeman is wearing a hat.
        El policía lleva sombrero.

---

**polite**   po̸-L<u>AI</u>T   adjetivo       cortés
        My sister is always polite.
        Mi hermana siempre es cortés.

---

**pool**   PUL   nombre         la alberca, la piscina
        The pool is clean.
        La alberca está limpia.

---

**poor**   PUR   adjetivo         pobre
        A poor boy does not have many toys.
        Un muchacho pobre no tiene muchos juguetes.

---

**post office**   P<u>OH</u>ST <u>aw</u>-fis   nombre   el correo
        Where is the post office?
        ¿Dónde está el correo?

**postman**   (See **mailman**)

---

**postcard**   P<u>OH</u>ST-kahrd   nombre   la tarjeta postal
        Here is a postcard from Barcelona.
        Aquí hay una tarjeta postal de Barcelona.

**potato**   p∅-TEI-t<u>oh</u>   nombre        la papa, la patata
Peter is cutting potatoes.
Pedro corta las papas.

**to pour**   P<u>AW</u>R   verbo        servir, vaciar, echar
Joan is pouring milk into a glass.
Juanita sirve leche en un vaso.

**to prefer**   pr∅-F<u>U</u>R   verbo        preferir
Do you prefer autumn or winter?
¿Prefieres tú el otoño o el invierno?

**present**   PREZ-∅nt   nombre        el regalo
I like to get presents.
Me gusta recibir regalos.

**present**   PREZ-∅nt.   adjetivo        presente
My friend, Peter, is not present.
Mi amigo Pedro no está presente.

**president**   PREZ-<u>i</u>-d∅nt   nombre      el presidente

Who is the president of the United States?
¿Quién es el presidente de los Estados Unidos?

**pretty**   PR<u>I</u>T-i   adjetivo        bonito (masc.),
                                            bonita (fem.)
What a pretty doll!
¡Qué bonita muñeca! (¡Qué muñeca tan bonita!)

**prince**   PR<u>I</u>NS   nombre        el príncipe
The prince is seated in an armchair.
El príncipe está sentado en un sillón.

**princess**   PR<u>I</u>N-s∅s   nombre      la princesa

The princess is wearing a pretty dress.
La princesa lleva un vestido bonito.

---

**to promise**    PR<u>A</u>M-<u>i</u>s    verbo        prometer
     I promise to wash the dishes.
     Yo prometo lavar los platos.

---

**to pull**    PAUHL    verbo          estirar, halar
     Bernard is pulling the donkey.
     Bernardo estira el burro.

---

**pumpkin**    P<u>E</u>MP-k<u>i</u>n    nombre      la calabaza
     I am going to buy a large pumpkin.
     Voy a comprar una calabaza grande.

---

**to punish**    P<u>E</u>N-<u>i</u>sh    verbo       castigar
     When Johnny is naughty, his teacher
       punishes him.
     Cuando Juanito es malcriado, su maestra
       lo castiga.

---

**pupil**    PYU-p<u>i</u>l    nombre        el alumno (masc.),
                                         la alumna (fem.)
     The pupils are writing on the blackboard.
     Los alumnos escriben en la pizarra (negra).

---

**puppy**    P<u>E</u>P-i    nombre       el perrito
     The puppy is cute.
     El perrito es gracioso.

---

**purple**    P<u>UR</u>-p<u>e</u>l    adjetivo     color violeta;
                                         morado (masc.),
                                         morada (fem.)
     I mix blue and red to make purple.
     Yo mezclo el azul y el rojo para hacer el
       color violeta.

---

**on purpose**    <u>a</u>n P<u>UR</u>-p<u>e</u>s    adverbio    adrede, con
                                               intención
     My sister is hiding the ball on purpose.

Mi hermana esconde la pelota adrede.

---

**purse** (See **handbag**)

---

**to push**   PAUHSH   verbo         empujar
        He is pushing me!
        ¡Él me empuja!

---

**to put**   PAUHT   verbo         poner
        Paul puts the electric trains on the floor.
        Pablo pone los trenes eléctricos en el piso.

    **to put on**     expresión         ponerse
                idiomática
        I am putting on my raincoat because it is raining.
        Yo me pongo el impermeable porque llueve.

---

# Q

---

**quarrel**   KW<u>A</u>R-el   nombre         la riña, el pleito,
                                      la disputa
        I do not like quarrels.
        No me gustan los pleitos.

---

**quarter**   KW<u>AW</u>-ter   nombre         el cuarto
        It is a quarter after two.
        Son las dos y cuarto. (Es un cuarto después
        de las dos.)

---

---

**queen** KWIN nombre la reina
The queen is wearing jewels.
La reina lleva joyas.

---

**question** KWES-chen nombre la pregunta
The teacher says, "So many questions!"
El maestro dice, "¡Tantas preguntas!"

---

**quickly** KWIK-li adverbio pronto, rápido
rápidamente
You eat too quickly!
¡Tú comes demasiado rápido!

---

**quiet** KWAI-et adjetivo quieto, tranquilo, callado (masc.)
quieta, tranquila, callada (fem.)
During the night all is quiet.
Durante la noche todo está callado.

**to be quiet** expresión callarse
idiomática
My brother says, "Be quiet!"
Mi hermano dice, "¡Cállense!"

---

# R

---

**rabbit** RAB-it nombre el conejo
The rabbit runs and jumps.
El conejo corre y salta.

**radio**  REI-di-<u>oh</u>     nombre                    el radio (furniture)
                                                                        la radio (broadcast)
                    There is music on the radio.
                    Hay música por la radio.

**railroad**  REIL-r<u>oh</u>d     nombre         el ferrocarril
                    There is a railroad from New York to Houston.
                    Hay un ferrocarril de Nueva York a Houston.

**(It is) raining**  REI-n<u>i</u>ng     verbo          Llueve
                    It is raining today.
                    Llueve hoy.

**rainbow**  REIN-b<u>oh</u>     nombre          el arco iris
                    The rainbow is beautiful.
                    El arco iris es hermoso.

**raincoat**  REIN-k<u>oh</u>t     nombre          el impermeable
                    My raincoat is wet.
                    El impermeable está mojado.

**to raise**  REIZ     verbo                        levantar
                    He raises his foot to kick the ball.
                    El levanta el pie para patear la pelota.

**rapid**  RAP-<u>id</u>     adjetivo          rápido (masc.)
**(fast)**                                                    rápida (fem.)
                    The cat is fast when it runs after a mouse.
                    El gato es rápido cuando corre detrás de
                        (persigue) un ratón.

  **rapidly**  adverbio                        rápido, rápidamente

**rat**  RAT     nombre                        el ratón, la rata
                    The rat is ugly!
                    El ratón es feo.

---

**to read**    RID    verbo            leer
           He is reading a book in the park.
           El lee un libro en el parque.

---

**ready**    RED-i    adjetivo         listo (masc.)
                                 lista (fem.)
           I am ready to go to work.
           Yo estoy listo para ir a trabajar.

---

**to receive**    ri-SIV    verbo        recibir
           He receives a letter from his cousin.
           El recibe una carta de su primo.

---

**record**    REK-ėrd    nombre       el disco
           I have two new records.
           Tengo dos discos nuevos.

   **record player**    (See **phonograph**)

---

**red**    RED    adjetivo       colorado, rojo (masc.),
                                colorada, roja (fem.)
           The apple is red.
           La manzana es roja.

---

**refrigerator**    ri-FRIDJ-ė-rei-tėr    nombre    el refrigerador,
                                        la refrigeradora

           Louise puts the salad in the refrigerator.
           Luisa pone la ensalada en el refrigerador.

---

**to remain**    (See **to stay**)

---

**to remember**    ri-MEM-bėr    verbo    recordar, acordarse
           I cannot remember the name of the book.
           Yo no puedo recordar el nombre del libro.

---

**to remove**    (See **to take off**)

---

---

**to repair**  (See **to fix**)

---

**to repeat**  ri-PIT  verbo  repetir
Claude repeats the sentence.
Claudio repite la frase.

---

**to reply**  (See **to answer**)

---

**to rescue**  (See **to save**)

---

**to rest**  REST  verbo  descansar, reposar
Anne is tired; she is resting now.
Ana está cansada; ella descansa ahora.

---

**restaurant**  RES-tər-ənt  nombre  el restaurante
My uncle works in this restaurant.
Mi tío trabaja en este restaurante.

---

**to return**  ri-TURN  verbo  volver, regresar, devolver
I return the book to the library.
Yo devuelvo el libro a la biblioteca.

---

**ribbon**  RIB-ən  nombre  la cinta
There are ribbons in the store window.
Hay cintas en la vitrina.

---

**rice**  RAIS  nombre  el arroz
The rice is on the plate.
El arroz está en el plato.

| **rich** RI̲CH | adjetivo | rico (masc.), rica (fem.) |

The actress is rich.
La actriz es rica.

| **to ride** RA̲ID | verbo | pasear, montar, andar |

We are riding in a car.
Nosotros andamos en coche.

| **to ride in a car** | expresión idiomática | pasear, (andar) en coche |
| **to ride a bicycle** | expresión idiomática | andar (montar) en bicicleta |
| **to ride a horse** | expresión idiomática | andar (montar) a caballo |

**all right**   (See **agreed**)

| **right** RA̲IT | adjetivo | derecho (masc.) derecha (fem.) |

I raise my right foot.
Yo levanto el pie derecho.

| **at the right** | expresión idiomática | a la derecha |
| **right away** | expresión idiomática | en seguida |
| **to be right** | expresión idiomática | tener razón |

Sometimes I am right.
A veces tengo razón.

---

**ring**    RING    nombre            el anillo, la sortija
Susan puts the ring on her finger.
Susana se pone el anillo en el dedo.

---

**to ring**    RING    verbo            sonar
The bell is ringing at school.
La campana suena en la escuela.

---

**ripe**    RAIP    adjetivo         maduro (masc.)
                                     madura (fem.)
When the strawberry is red it is ripe.
Cuando la fresa está roja, está madura.

---

**river**    RIV-er    nombre         el río
The river is wide.
El río es ancho.

---

**road**    ROHD    nombre         el camino
This road leads to the bank.
Este camino va al banco.

---

**roast beef**    ROHST bif    nombre       el rosbif, la carne
                                        asada
There is a big roast beef in the restaurant.
Hay un rosbif muy grande en el restaurante.

---

**to rob**    RAB    verbo            robar
Who robbed the money?
¿Quién robó el dinero?

   **robber**    (See **burglar**)

---

**rock**    RAK    nombre         la piedra, la roca
Alex climbs the rock.
Alejandro trepa la roca.

---

---

**rocket ship**  R<u>A</u>K-<u>i</u>t ship   nombre   la nave cohete, el
                                                        cohete
The astronaut is in the rocket ship.
El astronauta está en la nave cohete.

---

**to roll**  R<u>OH</u>L   verbo              enrollar, rodar
William rolls the marbles.
Guillermo rueda las canicas.

---

**roll**  R<u>OH</u>L   nombre        el panecillo, el bizcocho
We like to eat rolls.
Nos gusta comer panecillos.

---

**roller skate**  (See **skate**)

---

**roof**  RUF   nombre                    el techo
The chimney is on the roof.
La chimenea está en el techo.

---

**room**  RUM   nombre              el cuarto, la sala,
                                         la habitación

It is hot in this room.
Hace calor en este cuarto.

| **bathroom** | nombre | el cuarto de baño |
| **dining room** | nombre | el comedor |
| **living room** | nombre | la sala |

---

**rooster**   RUS-ter   nombre                    el gallo
                        The rooster crows early.
                        El gallo canta temprano.

**rope**   ROHP   nombre                          la cuerda
                  The rope is thick.
                  La cuerda es gruesa.

  **to jump rope**      expresión                brincar la cuerda
                      idiomática

**round**   ROWND   adjetivo                      redondo (masc.),
                                                  redonda (fem.)

                    The record is round.
                    El disco es redondo.

**row**   ROH   nombre                            la fila
                There are five rows in the classroom.
                Hay cinco filas en la sala de clase.

**rubber**   RUB-er   nombre                      el hule, la goma
                      The boots are made of rubber.
                      Las botas son de hule.

**rug**   REG   nombre                            la alfombra, el tapete
                The rug is small.
                El tapete es pequeño.

**rule**   RUL   nombre                           la regla
                 There are so many rules!
                 ¡Hay tantas reglas!

**ruler**   RUL-er   nombre                       la regla
                     I need a ruler.
                     Yo necesito una regla.

**to run**   REN   verbo                          correr
                   They are running to the playground.

Ellos corren al patio de recreo.

# S

**sack**   SAK   nombre                     el costal, el saco
Here is a sack of oranges.
Aquí hay un costal de naranjas.

**sad**   SAD   adjetivo                     triste
I cannot go with you. I am sad.
Yo no puedo ir contigo. Estoy triste.

**safe and sound**       expresión     sano y salvo
    SEIF-n-SOWND   idiomática
        Edward returns home safe and sound.
        Eduardo regresa a casa sano y salvo.

**salad**   SAL-¢d   nombre               la ensalada
The salad is delicious.
La ensalada está deliciosa.

**saleslady**   SEILZ-lei-di   nombre     la vendedora
**salesman**   SEILZ-man   nombre     el vendedor
**(salesperson)**
        The salesman shows him some sweaters.
        El vendedor le muestra unos suéteres.

**salt**   SAWLT   nombre               la sal
The salt is on the stove.
La sal está en la estufa.

---

**same**  SEIM  adjetivo                                      mismo (masc.),
                                                              misma (fem.)

My friend and I wear the same hat.
Mi amigo y yo llevamos el mismo sombrero.

**It is all the same to me**  expresión                        Me es igual
                              idiomática

---

**sand**  SAND  nombre                    la arena
She takes a sunbath on the sand.
Ella toma un baño de sol en la arena.

---

**sandwich**  SAND-wich  nombre    el sándwich
I am eating a roast beef sandwich.
Yo como un sándwich de rósbif.

---

**Saturday**  SAT-er-dei  nombre    el sábado
We are going to the restaurant on Saturday.
Vamos al restaurante el sábado.

---

**saucer**  SAW-ser  nombre        el platito, el platillo
I am looking for a saucer in the closet.
Yo busco un platito en el armario.

---

**to save**  SEIV  verbo                  ahorrar, salvar; guardar

The policeman saves the child.
El policía salva al niño.
I like to save stamps.
Me gusta guardar timbres.
They save money.
Ellos ahorran dinero.

---

**to say**  SEI  verbo                        decir
He always says the truth.
El siempre dice la verdad.

---

**school**  SKUL  nombre          la escuela, el colegio

I go to school at eight o'clock.
Voy a la escuela a las ocho.

---

**science**   SAI-ens    nombre         la ciencia
The science book is interesting.
El libro de ciencia es interesante.

  **scientist**   SAI-en-tist    nombre     el hombre de ciencia,
                                        el científico
  Jonas Salk is a famous scientist.
  El señor Jonas Salk es un hombre de
  ciencia famoso.

---

**scissors**   SIZ-erz    nombre       las tijeras
I cut the string with scissors.
Corto el cordón con las tijeras.

---

**to scold**   SKOHLD    verbo        regañar
The grandfather is scolding the little boy.
El abuelo regaña al niñito.

---

**to scream**   SKRIM    verbo        gritar
**(shout)**     The children are screaming in the playground.
Los niños gritan en el patio de recreo.

---

**sea**   SI    nombre              el mar
I like to look at the sea.
Me gusta mirar el mar.

---

**season**   SI-zen    nombre       la estación
Which season do you prefer?
¿Qué estación prefiere usted?

---

**seat**   SIT    nombre           el asiento, el lugar
He returns to his seat.
El vuelve a su asiento.

  **seated**     adjetivo            sentado (masc.),
                                       sentada (fem.)

He is seated.
Él está sentado.

---

**second**  SEK-end  adjetivo              segundo (masc.),
                                            segunda (fem.)
What is the second day of the week?
¿Cuál es el segundo día de la semana?

---

**secret**  SI-kr_it_  nombre              el secreto
Can you keep a secret?
¿Puedes guardar un secreto?

---

**secretary**  SEK-re-ter-i  nombre        la secretaria,
                                            el secretario
The secretary is pretty.
La secretaria es bonita.

---

**to see**  SI  verbo                      ver
I see the helicopter in the sky.
Veo el helicóptero en el cielo.

**to see again**    expresión             volver a ver
                    idiomática

**see you soon**    expresión             hasta pronto
                    idiomática

---

**see-saw**  SI-s_aw_  nombre    el vaivén, el sube y baja
Paul and Mark are on the see-saw.
Pablo y Marcos están en el vaivén.

---

**to sell**  SEL  verbo                    vender
He sells fruit.
El vende fruta.

---

**to send**  SEND  verbo                   enviar
I am sending a letter to my friend.
Yo envío una carta a mi amigo.

---

---

**sentence**    SEN-t¢ns    nombre      la oración, la frase
I write a sentence on the paper.
Yo escribo una oración en el papel.

---

**September**    sep-TEM-b¢r    nombre      el septiembre,
                                             el setiembre
September has thirty days.
El mes de septiembre tiene treinta días.

---

**serious**    SIR-i-¢s    adjetivo      serio (masc.),
                                              seria (fem.)
I am reading a serious book.
Yo leo un libro serio.

---

**to serve**    SURV    verbo      servir
The waiter serves lunch.
EL mesero sirve el almuerzo.

---

**to set (sun)**    SET    verbo      ponerse, meterse
The sun sets at five o'clock.
El sol se pone a las cinco.

   **to set (the table)**    verbo      poner la mesa

   **setting (at table)**    nombre      el lugar
There are four settings at the table.
Hay cuatro lugares en la mesa.

---

**seven**    SEV-¢n    adjetivo      siete
It is seven thirty.
Son las siete y media.

---

**seventeen**    sev-¢n-TIN    adjetivo      diecisiete, diez y
                                              siete
Today is December 17.
Hoy es el diecisiete de diciembre.

---

**seventy**    SEV-¢n-ti    adjetivo      setenta

Fifty and twenty are seventy
Cincuenta y veinte son setenta.

---

**several**　SEV-rel　　adjetivo　　　　　varios (masc.),
　　　　　　　　　　　　　　　　　　　　varias (fem.)
There are several boats in the sea.
Hay varios barcos en el mar.

---

**to sew**　SOH　　verbo　　　　　　　coser
Julia is learning to sew.
Julia aprende a coser.

　**sewing needle**　　nombre　　　　la aguja para coser,
　　　　　　　　　　　　　　　　　　la aguja de coser

---

**shadow**　SHAD-oh　nombre　　　la sombra
Do you see the shadow?
¿Ves tú la sombra?

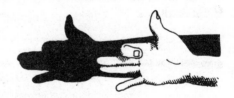

---

**to shake**　SHEIK　　verbo　　　　sacudir, mover
Mary says "No" and shakes her head.
María dice "No" y mueve la cabeza.

　**to shake hands**　expresión　　　dar la mano
　　　　　　　　　　　idiomática

---

**to share**　SHEHR　　verbo　　　　compartir
Let us share the pie.
Vamos a compartir el pastel.

---

---

**she**  SHI  pronombre                 ella
    She is running.

    Ella corre

---

**sheep**  SHIP  nombre               la oveja
    The sheep is a gentle animal.
    La oveja es un animal manso.

---

**sheet (of paper)**  (See **paper**)

---

**shell**  SHEL  nombre               la concha
    It is my shell!
    ¡Es mi concha!

---

**ship**  SHIP  nombre                el buque
    I dream of traveling on a ship.
    Yo sueño viajar en un buque.

---

**shirt**  SHURT  nombre              la camisa
    I am wearing a shirt and tie.
    Llevo camisa y corbata.

---

**shoe**  SHU  nombre                 el zapato
    Frank is putting on his shoes.
    Francisco se pone los zapatos.

---

**to shop**  SHAP  verbo              ir de compras
  **to go shopping**
    I love to go shopping.
    Me encanta ir de compras.

  **shop**  (See **store**)

---

**shore**  (See **edge**)

---

**short**  SHAWRT  adjetivo           corto (masc.),
                                  corta (fem.)
    Mary's coat is very short.

El abrigo de María es muy corto.

---

**shoulder**  SHOHL-dər  nombre  el hombro
She is wearing a pocketbook (purse) on
her shoulder.
Ella lleva una bolsa al hombro.

---

**to shout**  (See **to scream**)

---

**shovel**  SHEV-əl  nombre  la pala
The shovel is in the pail.
La pala está en el balde.

---

**to show**  SHOH  verbo  mostrar, enseñar
Anita is showing me her dress.
Anita me muestra su vestido.

---

**shower**  SHOW-ər  nombre  la regadera, el baño
de ducha
My brother is in the shower.
Mi hermano está en el baño de ducha.

---

**sick**  SIK  adjetivo  enfermo, malo (masc.),
enferma, mala (fem.)

Robert is in bed because he is sick.
Roberto está en la cama porque está malo.

---

**(at the) side of**  (See **next to**)

---

**sidewalk**  SAID-wawk  nombre  la acera
The girls are playing on the sidewalk.
Las niñas juegan en la acera.

---

**silent**  (See **quiet**)

---

**silly**  SIL-i  adjetivo  tonto (masc.),
tonta (fem.)

That is a silly idea!
¡Es una idea tonta!

---

**silver**   SIL-ver   nombre           la plata
The watch is made of silver.
El reloj es de plata.

---

**similar**   (See **alike**)

---

**to sing**   SING   verbo           cantar
My parakeet is singing.
Mi perico canta.

---

**sister**   SIS-ter   nombre           la hermana
My sister and I are playing together.
Mi hermana y yo jugamos juntas.

---

**to sit (down)**   SIT DOWN   verbo   sentarse
My grandfather is sitting down.
Mi abuelo se sienta

---

**six**   SIKS   adjetivo           seis
There are six cookies in the plate.
Hay seis galletitas en el plato.

---

**sixteen**   siks-TIN   adjetivo   dieciséis, diez y seis
Number sixteen comes after number fifteen.
El número dieciséis viene después del
    número quince.

---

---

**sixty**  SIKS-ti  adjetivo                    sesenta
The car is going sixty miles an hour.
El auto va a sesenta millas por hora.

---

**size**  SAIZ  nombre                    el tamaño
The size of the skyscraper is frightening.
El tamaño del rascacielos es espantoso.

---

**skate**  SKEIT  nombre                    el patín
Do you have roller skates?
¿Tienes patines de ruedas?

**to skate**  SKEIT  verbo              patinar
The two boys are ice-skating.
Los dos muchachos patinan en hielo.

**ice-skate**  nombre                el patín de hielo

---

**skin**  SKIN  nombre                    la piel, la cáscara
The banana skin is yellow.
La piel del plátano es amarilla.

---

**skirt**  SKURT  nombre                la falda
Ellen's skirt is short.
La falda de Elena es corta.

---

**sky**  SKAI  nombre                el cielo
The sky is blue today.
El cielo está azul hoy.

---

**skyscraper**  SKAI-skrei-pør  nombre        el rascacielos
My father works in a skyscraper.
Mi padre trabaja en un rascacielos.

---

**sled**  SLED  nombre                el trineo
I am seated on the sled.
Yo estoy sentado en el trineo.

---

---

**to sleep**   SLIP     verbo            dormir

The lion is sleeping.
El león duerme.

    **to be sleepy**     expresión       tener sueño
                              idiomática

The clown is sleepy.
El payaso tiene sueño.

---

**to slide,**   SLAID    verbo           resbalar
  **to slip**   SLIP

I slip on the stairs!
¡Yo me resbalo en la escalera!

---

**slowly**   SLOH-li     adverbio         despacio

The turtle walks slowly.
La tortuga camina despacio.

---

**small**   SMAWL     adjetivo         pequeño (masc.)
                                      pequeña (fem.)

The fly is very small.
La mosca es muy pequeña.

---

**to smell**   SMEL     verbo           oler

Beatrice smells the flower.
Beatriz huele la flor.

---

**to smile**   SMAIL     verbo           sonreír

The baby smiles when he sees the cat.
El bebé sonríe cuando ve el gato.

---

**to smoke** SM<u>O</u>HK   verbo           fumar
    My uncle does not smoke.
    Mi tío no fuma.

  **no smoking**   expresión           no fumar
               idiomática

---

**snack** SNAK   nombre           la merienda, el bocado
    Mommy gives me a snack.
    Mamá me da un bocado.

---

**snake** SNEIK   nombre           la culebra, la víbora
    I am afraid of snakes.
    Yo les tengo miedo a las víboras.

---

**to sneeze** SNIZ   verbo           estornudar
    I'm cold and I'm sneezing.
    Tengo frío y estornudo.

---

**to snow** SN<u>OH</u>   verbo           nevar
    Does it snow in spring?
    ¿Nieva en la primavera?

  **snow**   nombre           la nieve
    Look! How pretty the snow is!
    ¡Mira! ¡Qué bonita está la nieve!

  **snowman**   nombre           el hombre de nieve,
                      el mono de nieve

---

**so** S<u>OH</u>   adverbio           tan
    She is speaking so softly.
    Ella habla tan suave.

  **Isn't that so?**   expresión           ¿No?
               idiomática

  **so much, so many**   expresión           tanto, tantos (masc.)
               idiomática           tanto, tantas (fem.)

---

---

**soap**   S<u>O</u>HP   nombre                    el jabón
I wash my hands with soap.
Yo me lavo las manos con jabón.

---

**soccer**   S<u>A</u>K-ǿr   nombre                    el fútbol
Here is our soccer team.
Aquí está nuestro equipo de fútbol.

---

**sock**   S<u>A</u>K   nombre                    el calcetín
The baby's socks are small.
Los calcetines del bebé son chicos (pequeños).

---

**soda**   S<u>O</u>H-dǿ   nombre                    el refresco, la soda
I am pouring soda into a glass.
Yo sirvo un refresco en el vaso.

---

**sofa**   S<u>O</u>H-fǿ   nombre                    el sofá
The sofa is in the living room.
El sofá está en la sala.

---

**soft**   S<u>A</u>WFT   adjetivo                    suave;
                                                      blando (masc.),
                                                        blanda (fem.)
The armchair is soft.
El sillón es suave.

---

**softly**   S<u>A</u>WFT-li   adverbio                    suave, suavemente
The radio is playing softly.
El radio toca suave.

---

---

**soldier**   SOHL-djør    nombre      el soldado
The soldier is on the train.
El soldado está en el tren.

---

**somebody,**   SEM-bad-i    pronombre      alguien
**someone**   SEM-wøn
Someone is screaming!
¡Alguien grita!

---

**something**   SEM-thing    pronombre      alguna cosa, algo
Is there something in the closet?
¿Hay alguna cosa en el armario?

---

**sometimes**   SEM-taimz    adverbio      algunas veces
Sometimes I do not work.
Algunas veces yo no trabajo.

---

**son**   SEN    nombre      el hijo
I know the dentist's son.
Conozco al hijo del dentista.

---

**song**   SAWNG    nombre      la canción
I like to listen to this song.
Me gusta escuchar esta canción.

---

**soon**   SUN    adverbio      pronto
George Washington's birthday will come soon.
El cumpleaños de Jorge Washington va a
llegar pronto.

   **see you soon**    expresión idiomática      hasta pronto

---

**(to have a) sore**   (See **to have**)

---

**(what) sort of?**    expresión idiomática      ¿Qué clase de?

What kind of dog is that?
¿Qué clase de perro es ése?

---

**soup**   SUP     nombre              la sopa. el caldo

The soup is delicious.
La sopa está deliciosa.

---

**south**   S<u>OW</u>TH   nombre              el sur

Mexico is to the south of the United States.
México está al sur de los Estados Unidos.

---

**to speak**   SPIK   verbo              hablar

I am speaking to my friend.
Yo hablo con mi amigo.

---

**to spend (time)**   SPEND   verbo     pasar

I spend all day at the library.
Yo paso todo el día en la biblioteca.

**to spend (money)**                    gastar dinero

---

**spider**   SP<u>AI</u>-der   nombre     la araña

What is it? A spider.
¿Qué es? Una araña.

---

**to spill**   SP<u>I</u>L   verbo      vaciar, derramar

The waiter spills the soup.
El mesero vacía la sopa.

---

**spinach**   SP<u>I</u>N-ech   nombre    las espinacas

Do you like spinach?
¿Te gustan las espinacas?

---

**spoon**   SPUN   nombre              la cuchara

Charlotte eats ice cream with a spoon.
Carlota come el helado (la nieve) con cuchara.

---

---

**sport**   SP<u>AW</u>RT   nombre   el deporte
Baseball is an interesting sport.
El béisbol es un deporte interesante.

---

**spot**   SP<u>A</u>T   nombre   la mancha
**(stain)**   There is a spot on the shirt.
Hay una mancha en la camisa.

---

**spotted**   SP<u>A</u>T-ǿd   adjetivo   manchado, pinto (masc.),
manchada, pinta (fem.)
The leopard is spotted.
El leopardo es pinto.

---

**spring**   SPR<u>I</u>NG   nombre   la primavera
You see a lot of birds in the spring.
Se ven muchos pájaros en la primavera.

---

**square**   SKWEHR   adjetivo   cuadrado (masc.),
cuadrada (fem.)
The book is square.
El libro es cuadrado.

---

**stain**   (See **spot**)

---

**staircase,**   STEHR-keis   nombre   la escalera
**stairs**   STEHRZ
I am going down the staircase.
Yo bajo la escalera.

---

---

**stamp (postage)**   STAMP     nombre     el timbre, el sello,
                                              la estampilla

            This is an interesting stamp.
            Es un timbre interesante.

---

**to stand**   (See **to get up**)

---

**standing**   STAN-ding   adverbio   de pie
            The boy is standing in the store.
            El muchacho está de pie en la tienda.

---

**star**   STAHR   nombre             la estrella
            I like to look at the stars.
            Me gusta mirar las estrellas.

---

**state**   STEIT   nombre           el estado
            Here is a map of the United States.
            Aquí hay un mapa de los Estados Unidos.

---

**station**   STEI-shen   nombre     la estación
            The train stops at the station.
            El tren se para en la estación.

---

**to stay**   STEI   verbo           quedarse
            The owl stays in the tree.
            La lechuza se queda en el árbol.

---

**to steal**   STIL   verbo           robar
            One must not steal.
            No se debe robar.

---

**steamship**   (See **boat, ship**)

---

**step**   STEP   nombre           el escalón
            David falls on the steps.
            David se cae en los escalones.

---

**stewardess (airline)**   (See **airline stewardess**)

---

**stick**   STĬK        nombre                    el palo
            The stick is on the ground.
            El palo está en la tierra.

---

**still**   STĬL        adverbio                  todavía
            Are you still in the basement?
            ¿Todavía estás tú en el sótano?

---

**to sting**   STĬNG     verbo                    picar
            The mosquitoes are biting me.
            Los zancudos me pican.

---

**stocking**   STĂK-ĭng   nombre                  la media
            Here is a pair of stockings.
            Aquí hay un par de medias.

---

**stomach**   STĔM-ǝk    nombre                   el estómago
            George has a stomach ache.
            Jorge tiene dolor de estómago.

---

**stone**   STŌHN       nombre                    la piedra
            There are many stones near the mountain.
            Hay muchas piedras cerca de la montaña.

---

**to stop**   STĂP      verbo                     detener (se),
                                                  parar (se)

The car stops on the bridge.
El auto se para en el puente.

---

**store** STA<u>WR</u>   nombre                     la tienda
**(shop)**            The store is open.
                     La tienda está abierta.

---

**storm** STA<u>WR</u>M   nombre                la tormenta
                     It is windy during a storm.
                     Hace mucho viento durante una tormenta.

---

**story** STA<u>WR</u>-i   nombre                el cuento, la historia
                     The teacher is reading a story to the children.
                     La maestra les lee un cuento a los niños.

---

**stove** ST<u>OH</u>V   nombre                   la estufa
                     The stove is dangerous for children.
                     La estufa es peligrosa para los niños.

  **electric stove**   nombre                la estufa eléctrica

  **gas stove**     nombre                   la estufa de gas

---

**strange** STREINDJ   adjetivo          raro, extraño (masc.),
                                         rara, extraña (fem.)
                     It is strange. It is cold in summer.
                     ¡Qué raro! Hace frío en verano.

---

**stranger** STREIN-dj∉r   nombre        el extraño,
                                         el forastero

Who is that man? He is a stranger.
¿Quién es ese hombre? Es un extraño (forastero).

---

**strawberry**  STR<u>AW</u>-ber-i  nombre  la fresa

I have strawberries for dessert.
Yo tomo fresas de postre.

---

**street**  STR<u>I</u>T  nombre  la calle
It is dangerous to skate in the street.
Es peligroso patinar en la calle.

**wide street, boulevard**  nombre  el bulevar

**street cleaner**  nombre  el limpiador de calles

---

**string**  STR<u>I</u>NG  nombre  el cordón
There is a string on the rug.
Hay un cordón en el tapete.

---

**stringbean**  STR<u>I</u>NG-bin  nombre  los ejotes, las
habichuelas
(tiernas)

I am cutting stringbeans.
Yo corto las habichuelas (tiernas).

---

**strong**  STR<u>AW</u>NG  adjetivo  fuerte
The mailman is strong.
El cartero es fuerte.

---

**student**  STUD-nt  nombre  el estudiante
la estudiante
The students are in the library.
Los estudiantes están en la biblioteca.

---

**to study**  ST<u>E</u>D-i  verbo  estudiar
We are studying together.
Nosotros estudiamos juntos.

---

---

**stupid** STU-pid   adjetivo   estúpido (masc.),
estúpida (fem.)
The fox is not a stupid animal.
La zorra no es un animal estúpido.

---

**subway** SEB-wei   nombre   el metro, el subterráneo
The nurse takes the subway.
La enfermera toma el metro.

---

**to succeed** sek-SID   verbo   tener éxito, lograr
She succeeds in putting on her boots.
Ella logra ponerse las botas.

---

**suddenly** SED-en-li   adverbio   de repente
Suddenly the telephone rings.
El teléfono suena de repente.

---

**sugar** SHAUHG-er   nombre   el azúcar
I put sugar on my grapefruit.
Yo pongo azúcar en la toronja.

---

**suit** SUT   nombre   el traje
I am looking at the suits.
Yo miro los trajes.

  **bathing suit**   nombre   el traje de baño

---

**suitcase** SUT-keis   nombre   la maleta
**(valise)**
He is carrying a suitcase.
El lleva una maleta.

---

**summer** SEM-er   nombre   el verano
Charles is lazy in summer.
Carlos es perezoso en el verano.

  **summer vacation**   expresión   las vacaciones de
idiomática   verano

---

**sun**   S**E**N   nombre                          el sol
What time does the sun set?
¿A qué hora se pone el sol?

**sunbath**   nombre                          el baño de sol

**The sun is shining,**   expresión                   Hace sol
   **It is sunny**   idiomática

---

**supermarket**   (See **market**)

---

**sure**   (See **certain**)

---

**surprise**   s**e**r-PR**AIZ**   nombre          la sorpresa
I like surprises.
Me gustan las sorpresas.

**surprising**   adjetivo                    sorprendente

---

**sweater**   SWET-**e**r   nombre          el suéter
The sweater is made of wool.
El suéter es de lana.

---

**sweet**   SWIT   adjetivo                    dulce
Cherries are sweet.
Las cerezas son dulces.

---

**to swim**   SW**I**M   verbo                    nadar
The turtle swims in the lake.
La tortuga nada en el lago.

**swimming pool**   nombre                    la piscina, la alberca

---

**swing**  SW<u>I</u>NG      nombre            el columpio
The little girl is on the swing.
La niña está en el columpio.

---

**switch**  SW<u>I</u>CH     nombre      el enchufe, el conmutador

The switch is near the door.
El enchufe está cerca de la puerta.

---

# T

---

**table**  TEI-b<s>e</s>l    nombre               la mesa
The knife is on the table.
El cuchillo está en la mesa.

**tablecloth**.      nombre               el mantel

**to set the table**   expresión          poner la mesa
                       idiomática

Who sets the table in your house?
¿Quién pone la mesa en tu casa?

---

**tail**  TEIL    nombre               el rabo, la cola
The cow is moving its tail.
La vaca mueve la cola.

---

**tailor**  TEI-l<s>e</s>r    nombre        el sastre
I am going to the tailor.
Yo voy al sastre.

---

**to take**  TEIK    verbo               llevar
She takes an umbrella.
Ella lleva un paraguas.

**to take food**    verbo               tomar

**to take a bath**   expresión       bañarse, tomar un baño
                     idiomática

She takes a bath before going to bed.
Ella se baña antes de acostarse.

**to take off**         expresión              quitarse
                        idiomática
Jack is taking off his shoe.
Jaime se quita el zapato.

**to take a trip**      expresión              hacer un viaje
                        idiomática
**to take a walk**      expresión              dar un paseo
                        idiomática

---

**tale**  (See **story**)

---

**to talk**  TAWK   verbo                      hablar
Grandmother is talking softly.
La abuela habla suave.

---

**tall**  TAWL   adjetivo                      grande; alto (masc.),
                                               alta (fem.)
The skyscraper is tall.
El rascacielos es alto.

---

**tank (fish)**  (See **fish**)

---

**tape recorder**  teip r∉-KAWR-d∉r   nombre      el grabador,
                                                  la grabadora
The tape recorder is expensive.
El grabador magnetofónico es caro.

---

**taxi**  tak-SI   nombre                        el taxi
What color is the taxi?
¿De qué color es el taxi?

---

**tea**  TI   nombre                             el té
My aunt always drinks tea.
Mi tía siempre toma té.

---

---

**to teach**    TICH      verbo                 enseñar
Daddy is teaching me the letters of the alphabet.
Papá me enseña las letras del alfabeto.

---

**teacher**    TI-chér      nombre         la maestra, el
                                  maestro, el profesor
The teacher is writing on the blackboard.
La maestra escribe en la pizarra.

---

**team**    TIM      nombre              el equipo
The members of the team play together.
Los socios (los jugadores) del equipo
     juegan juntos.

---

**tear**    TIR      nombre               la lágrima
When I cry my eyes are filled with tears.
Cuando lloro, los ojos están llenos de lágrimas.

---

**teeth**   (See **tooth**)

---

**telephone**    TEL-é-fohn      nombre      el teléfono
The telephone rings at ten o'clock.
El teléfono suena a las diez.

**television**    TEL-é-VIZH-én      nombre      la televisión
Do you like the movies on television?
¿Te gustan las películas de la televisión?

**television antenna**      nombre      la antena de televisión

**television set**     nombre                el televisor
The television set has just come from the store.
El televisor acaba de llegar de la tienda.

---

**to tell**  TEL    verbo                       contar
The teacher is telling us a fairy tale.
La maestra nos cuenta un cuento de hadas.

---

**ten**  TEN    adjetivo                    diez
I have ten fingers.
Tengo diez dedos.

---

**tent**  TENT    nombre              la tienda (de campaña)
There are three tents near the lake.
Hay tres tiendas cerca del lago.

---

**test**  TEST    nombre                el examen, la prueba
I am afraid of tests.
Yo les tengo miedo a los exámenes.

---

**thank you,**  THANGK yu    nombre        gracias
**thanks**  THANGKS
Susan receives a gift and says "Thank you."
Susana recibe un regalo y da las gracias
(dice gracias).

---

**that**  (See **which**)

---

**that**  THAT    pronombre          eso
What do you think of that?
¿Qué piensas de eso?

**.That's too bad!**    expresión          ¡Qué lástima!
                       idiomática

---

**the**  THE    artículo              el, la, los, las
The children are ready.
Los niños están listos.

---

---

**theater**   THI-∅-t∅r   nombre        el teatro
The actor is playing a part in the theater.
El actor hace un papel en el teatro.

---

**their**   THEHR   adjetivo        su, sus
The boys are pulling their sleds.
Los muchachos halan sus trineos.

---

**them**   THEM   pronombre        los, las
Here are the toys. I'll give them to the baby.
Aquí están los juguetes. Yo se los doy al bebé.

---

**to them**   THEM   pronombre        les, a ellos, a ellas
I show my photographs to them.
Yo les muestro mis fotografías a ellos.

---

**then**   THEN   adverbio        entonces
I get up; then I eat breakfast.
Me levanto; entonces me desayuno.

---

**there**   THEHR   adverbio        allí
Put the hammer there.
Ponga usted el martillo allí.

**over there**                                                        allá

---

**there is,**   thehr IZ   adverbio        hay
  **there are**   thehr AHR
Are there any trees in the field?
¿Hay árboles en el campo?

---

---

**they**   THEI     pronombre              ellos, ellas
They are laughing at the monkeys.
Ellos se ríen de los monos.

---

**thick**   THIK     adjetivo            grueso (masc.),
                                          gruesa (fem.)
The wood on the see-saw is thick.
La madera del sube y baja es gruesa.

---

**thief**   (See **burglar**)

---

**thin**   THIN     adjetivo           delgado, flaco (masc.),
                                       delgada, flaca (fem.)
The little boy is thin.
El niño es delgado.

---

**thing**   THING     nombre          la cosa
I put many things into the trunk.
Yo meto muchas cosas en el baúl.

---

**to think**   THINGK     verbo          pensar
What do you think of the new teacher?
¿Qué piensas tú del profesor nuevo?

---

**to be thirsty**   THURS-ti    expresión        tener sed
                          idiomática
The little girl is thirsty.
La niña tiene sed.

---

**thirteen**   thur-TIN    adjetivo          trece
There are thirteen boys in this class.
Hay trece niños en esta clase.

---

**thirty**   THUR-ti    adjetivo          treinta
It is ten thirty.
Son las diez y media (treinta).

---

---

**this**          <u>THIS</u>          adjetivo          este, estos (masc.),
**(these, plural)**                                       esta, estas (fem.)
        This hoop is round.
        Este aro es redondo.

---

**this (one)**   <u>THIS</u>   pronombre          éste (masc.),
                              ésta (fem.)
        I am going to eat this; I am not going to eat that.
        Yo voy a comer éste, yo no voy a comer ése.

---

**thousand**   TH<u>OW</u>-zǿnd   adjetivo          mil
        I would like to have a thousand dollars.
        Me gustaría tener mil dólares.

---

**three**   THRI   adjetivo                    tres
        Do you know the song, "Three Blind Mice"?
        ¿Sabes la canción "Los tres ratones ciegos"?

---

**throat**   THR<u>O</u>HT   nombre          la garganta

        Do you have a sore throat?
        ¿Tienes dolor de garganta?

---

**through**   THRU   preposición          por, a través de
        The bear is walking through the forest.
        El oso camina por el bosque.

---

**to throw**   THR<u>OH</u>   verbo          tirar, lanzar
        Throw the ball to me!
        ¡Tírame la pelota!

---

---

**thunder**   THEN-der   nombre        el trueno
Thunder makes a loud noise.
El trueno hace mucho ruido.

---

**Thursday**   THURZ-dei   nombre      el jueves
Are we going to the zoo on Thursday?
¿Vamos al parque zoológico el jueves?

---

**ticket**   TIK-it   nombre            el boleto, el billete
I would like to buy a ticket.
Me gustaría comprar un boleto.

---

**tiger**   TAI-ger   nombre            el tigre
The tiger jumps from the tree.
El tigre salta del árbol.

---

**tight**   TAIT   adjetivo              apretado (masc.),
                                          apretada (fem.)
This coat is too tight for me.
Este saco está muy apretado para mí.
   (Este abrigo me queda muy apretado.)

---

**time**   TAIM   nombre               la vez
I have to write each word four times.
Tengo que escribir cada palabra cuatro veces.

---

**time (o'clock)**   TAIM   nombre     la hora
What time is it?
¿Qué hora es?
It is three o'clock.
Son las tres.
It is six thirty.
Son las seis y media.
It is a quarter after two.
Son las dos y cuarto.
It is dinner time.
Es la hora de cenar.

| | | |
|---|---|---|
| **to have a good time** | expresión idiomática | divertirse |

---

**tip**   T<u>I</u>P   nombre           la propina
Mother gives a tip to the waiter.
Mamá le da una propina al mesero.

---

**tired**   T<u>AI</u>RD   adjetivo      cansado (masc.),
                                    cansada (fem.)
After a baseball game we are tired.
Después de un juego de béisbol
estamos cansados.

---

**to**   T<s>U</s>   preposición          a
He is going to the airport.
El va al aeropuerto.

---

**toast**   T<u>OH</u>ST   nombre      el pan tostado
MMM, I like toast!
UM, me gusta el pan tostado.

---

**today**   te-D<u>EI</u>   adverbio noun      hoy
What day is today?
¿Qué día es hoy?

---

**toe**   T<u>OH</u>   nombre      el dedo (del pie)
I have ten toes.
Yo tengo diez dedos en los pies.

---

**together**   t<s>u</s>-G<u>ETH</u>-<s>e</s>r   adjetivo,     juntos (masc.),
                       adverbio     juntas (fem.), junto
We are going to the playground together.
Vamos al patio de recreo juntos.

---

**tomato**   t<s>u</s>-M<u>EI</u>-t<u>oh</u>   nombre     el tomate
My friend is cutting tomatoes.
Mi amigo corta los tomates.

---

---

**tomorrow**   té-MAR-oh   nombre        mañana
Tomorrow I am going fishing.
Mañana voy a la pesca.
(Mañana voy de pesca.)

---

**tongue**   TÉNG   nombre              la lengua
I see the dog's tongue.
Veo la lengua del perro.

---

**too bad!**   TU BAD   expresión         ¡Qué lástima!
                        idiomática
Too bad! We can't go now.
¡Qué lástima! Ahora no podemos ir.

---

**too much**          adverbio            demasiado
Mama says, "That is too much pie."
Mamá dice "Es demasiado pastel."

---

**too many**          adjetivo            demasiados,
                                          demasiadas

---

**tooth**   TUTH   nombre                el diente
**teeth**   (plural)   TITH
Larry brushes his teeth.
Lorenzo se cepilla los dientes.

---

**to have a toothache**   expresión       tener dolor de muelas
                          idiomática

**toothbrush**          nombre            el cepillo de dientes

**toothpaste**          nombre            la pasta de dientes,
                                          la pasta dentífrica

---

**top**   TAP   nombre                   el trompo
A top is a toy.
Un trompo es un juguete.

---

**to touch**   TÉCH   verbo              tocar
The child is touching the radio.
El niño toca el radio.

---

---

**towards**   T<u>AW</u>RDZ   preposición   hacia
>   We are going towards the hospital.
>   Vamos hacia el hospital.

---

**towel**   T<u>OW</u>-ęl   nombre   la toalla
>   What a dirty towel!
>   ¡Qué toalla tan sucia!

---

**tower**   T<u>OW</u>-ęr   nombre   la torre
>   The castle has two towers.
>   El castillo tiene dos torres.

---

**toy**   T<u>OI</u>   nombre   el juguete
>   I like to look at the toys in the store window.
>   Me gusta mirar los juguetes en la vitrina.

---

**traffic**   TRAF-<u>ik</u>   nombre   la circulación, el tráfico
>   The traffic stops when the policeman raises
>       his hand.
>   La circulación se para cuando el policía
>       levanta la mano.

---

**train**   TREIN   nombre   el tren
>   The airplane goes faster than the train.
>   El avión va más rápido que el tren.

---

**to travel**   TRAV-ęl   verbo   viajar
>   We are traveling by car.
>   Nosotros viajamos en auto.

>   **to take a trip**   expresión   hacer un viaje
>       idiomática

---

**traveler**   TRAV-ęl-ęr   nombre   el viajero
>   The traveler is carrying a suitcase.
>   El viajero lleva una maleta.

---

**tree**   TRI   nombre                              el árbol
             We are seated under a tree.
             Estamos sentados debajo de (bajo) un árbol.

**(to take a) trip**   (See **to travel**)

**truck**   TRĘK   nombre                           el camión
             The truck is carrying oil.
             El camión lleva petróleo.

**fire truck**   nombre                            el camión de
                                                    bomberos

**true**   TRU   nombre                             la verdad
             Is it true that the Earth is larger than the moon?
             ¿Es verdad que la Tierra es más grande
               que la luna?

  **Isn't that true?**   expresión              ¿No es verdad? ¿No?
                          idiomática             ¿Verdad?

**trunk**   TRĘNGK   nombre                       el baúl
             They are putting the trunk on the train.
             Ellos ponen el baúl en el tren.

**to try**   TRAI   verbo                         tratar de
             I am trying to study.
             Yo trato de estudiar.

**Tuesday**   TUZ-dei   nombre                    el martes
             I am going to the dentist on Tuesday.
             Voy al dentista el martes.

---

**turkey** TUR-ki    nombre        el pavo, el guajolote
We eat turkey for a whole week!
¡Nosotros comemos pavo por una
semana entera!

---

**turn** TURN    nombre        el turno
It's not your turn!
¡No es tu turno!

---

**to turn** TURN    verbo        doblar, voltear
My uncle turns the page of the newspaper.
Mi tío voltea la página del periódico.

**to turn off**    expresión        apagar
idiomática
Turn off the electric light.
Apaga la luz eléctrica.

---

**turtle** TUR-tøl    nombre        la tortuga
The turtle likes the sun.
A la tortuga le gusta el sol.

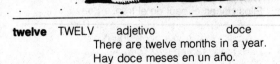

---

**twelve** TWELV    adjetivo        doce
There are twelve months in a year.
Hay doce meses en un año.

---

**twenty** TWEN-ti    adjetivo        veinte
We have twenty plates.
Tenemos veinte platos.

---

---

**twice**   TW<u>AIS</u>   adverbio       dos veces
Write the word twice.
Escribe la palabra dos veces.

---

**two**   TU   adjetivo       dos
There are two zebras in the field.
Hay dos cebras en el campo.

---

**type of**   T<u>AI</u>P øf   expresión     tipo de
idiomática
I don't like that type of notebook.
No me gusta ese tipo de cuaderno.

---

**typewriter**   T<u>AI</u>P-rai-tør   nombre    la máquina de
escribir
My brother is using a typewriter.
Mi hermano usa una máquina de escribir.

---

**electric typewriter**    nombre     la máquina de
escribir eléctrica

---

**typist**   T<u>AI</u>P-ist   nombre       la mecanógrafa
(el mecanógrafo)
The typist works in the office.
La mecanógrafa trabaja en la oficina.

---

# U

---

**ugly**   ØG-li   adjetivo       feo (masc.),
fea (fem.)
I look ugly in this photograph.
Yo estoy feo en esta foto.

---

**umbrella**   øm-BREL-ø   nombre    el paraguas
I would like to buy a pretty umbrella.
Me gustaría comprar un paraguas bonito.

---

---

**uncle** ÉNG-kǿl   nombre     el tío
My uncle is my father's brother.
Mi tío es el hermano de mi padre.

**my uncle's house**   expresión    la casa de mi tío
idiomática

---

**under** ÉN-dǿr   preposición     debajo de
The potato grows under the ground.
La papa crece debajo de la tierra.

---

**to understand** ǿn-dǿr-STAND   verbo    comprender,
entender
Do you understand the question?
¿Comprendes la pregunta?

---

**unhappy** ǿn-HAP-i   adjetivo    infeliz, triste
She is unhappy because she cannot go
to the beach.
Ella está infeliz porque no puede ir a la playa.

---

**united** u-NAIT-ǿd   adjetivo    unido (masc.),
unida (fem.)
Here is a map of the United States.
Aquí hay un mapa de los Estados Unidos.

**United Nations**   nombre    las Naciones Unidas

---

**university** yu-ni-VUR-si-TI   nombre    la universidad
Is the university far from here?
¿Está lejos la universidad?

---

**until** ǿn-TIL   adjetivo     hasta
The bank is open until three o'clock.
El banco está abierto hasta las tres.

---

**unusual** ǿn-YU-zhu-ǿl   adjetivo    extraordinario (masc.),
extraordinaria (fem.)

What unusual glasses!
¡Qué lentes tan extraordinarios!

---

**upstairs**  øp-STEHRZ  adverbio        arriba
My apartment is upstairs.
Mi apartamento está arriba.

---

**us, to us**  ÉS  pronombre              nos, a nosotros
She gives us candy.
Ella nos da dulces.

---

**to use**  YUZ  verbo                   usar, utilizar
He uses a handkerchief when he sneezes.
El usa un pañuelo cuando estornuda.

---

**useful**  YUS-føl  adjetivo            útil
Scissors are useful.
Las tijeras son útiles.

---

# V

---

**vacation**  vei-KEI-shøn  nombre    las vacaciones
What are you going to do during the summer
vacation?
¿Qué vas a hacer durante las vacaciones
de verano?

---

**to vaccinate**  VAK-sin-eit  verbo    vacunar
The doctor vaccinates the boy.
El doctor vacuna al niño.

---

**vacuum cleaner**  nombre              la aspiradora
VAK-yu-øm kli-nør
The vacuum cleaner is a useful machine.
La aspiradora es una máquina útil.

---

**valise**  (See **suitcase**)

---

**valley**  VAL-i  nombre                    el valle
The lake is in a valley.
El lago está en un valle.

---

**vanilla**  vø-NIL-ø  nombre              la vainilla
They only sell vanilla ice cream.
Se vende helado de vainilla solamente.

---

**veal chop**  (See **cutlet**)

---

**vegetable**  VEDJ-tø-bøl  nombre      la legumbre, la
                                        verdura, el vegetal
Cabbage is a vegetable.
El repollo es una legumbre.

---

**very**  VER-i  adverbio                muy
The mouse is very small.
El ratón es muy pequeño.

---

**village**  VIL-idj  nombre            el pueblo
There is only one store in the village.
Hay solamente una tienda en el pueblo.

---

**violet**  (See **purple**)

---

**violin**  VAI-oh-lin  nombre          el violín
The violin is on the piano.
El violín está en el piano.

---

**to visit**  VIZ-it  verbo              visitar
I'd like to visit San Francisco.
Me gustaría visitar San Francisco.

---

**voice**  VOIS  nombre                 la voz
His voice is different when he has a cold.
Su voz es diferente cuando tiene catarro.

  **loud, in a**  expresión          en voz alta, fuerte

**loud voice**    idiomática
> The man on television is speaking in a loud voice.
> El hombre en la televisión habla en voz alta.

**in a low voice**    expresión          en voz baja
                      idiomática
> The dentist speaks in a low voice.
> El dentista habla en voz baja.

---

# W

**waitress**  WEI-tręs    nombre          la mesera, la moza
> The waitress is very pretty.
> La mesera es muy bonita.

---

**to wag**  WAG    verbo              mover
> The dog wags his tail when he is happy.
> El perro mueve la cola cuando está feliz.

---

**waist**  WEIST    nombre          la cintura
> I wear a belt around my waist.
> Yo llevo un cinto alrededor de la cintura.

---

**to wait for**  WEIT fęr    verbo          esperar
> I am waiting for the mailman.
> Yo espero al cartero.

> I have been waiting for the mailman for an hour.
> Hace una hora que espero al cartero.

---

**waiter**  WEI-tęr    nombre          el mesero, el mozo
> The waiter serves ice cream.
> El mozo sirve helado.

---

**to wake up**  WEIK ęp    verbo          despertar
> I wake up when the sun rises.
> Yo me despierto cuando sale el sol.

---

---

**to walk,** WA<u>W</u>K   verbo       andar, pasear, dar un paseo
**(to take a walk)**
I am walking in the garden.
Yo doy un paseo en el jardín.

---

**wall**   WA<u>W</u>L   nombre                   la pared
Virginia puts the broom against the wall.
Virginia pone la escoba contra la pared.

---

**to want**   WAHNT   verbo               querer, desear
I want to listen to records.
Yo quiero escuchar discos.

---

**war**   WA<u>W</u>R   nombre                 la guerra
I do not like war movies.
No me gustan las películas de guerra.

---

**warm**   WA<u>W</u>RM   adjetivo           caliente
The coffee is warm.
El café está caliente.

**to be warm**           expresión        tener calor
                         idiomática
John is warm.
Juan tiene calor.

**It is warm (weather)**   expresión      Hace calor.
                           idiomática

---

**to wash (oneself)**   WAHSH   verbo   lavarse
She is washing her hair.
Ella se lava el pelo.

**to wash**      verbo                 lavar
            She is washing the car.
            Ella lava el coche.

**washing machine**     nombre       la máquina de lavar

---

**watch**   WACH     nombre          el reloj (de pulsera)
            According to my watch it is four thirty.
            Según mi reloj, son las cuatro y media.

   **to watch**   (See **to look at**)

   **to watch over**   (See **to look after**)

---

**water**   W<u>AW</u>-t¢r     nombre       el agua
            There is water in the pail.
            Hay agua en el cubo.

---

**watermelon**   W<u>AW</u>-t¢r-mel-¢n    nombre     la sandía
            The boy is carrying a large watermelon.
            El muchacho lleva una sandía grande.

---

**wave**   WEIV     nombre            la ola
            The waves are frightening.
            Las olas están espantosas.

---

**we**   WI     pronombre          nosotros
            We are going to the circus.
            Nosotros vamos al circo.

---

**weak**   WIK     adjetivo         débil
            The nurse helps the boy because he is weak.

La enfermera ayuda al muchacho porque
está débil.

---

**to wear**   WEHR   verbo          llevar
I am wearing my sister's coat.
Yo llevo el abrigo de mi hermana.

---

**weather**   WE<u>TH</u>-ɇr   nombre     tiempo
What is the weather?
¿Qué tiempo hace?
It is bad weather.
Hace mal tiempo.
It is cold.
Hace frío.
It is good weather.
Hace buen tiempo.
It is hot. (It is warm.)
Hace calor.
It is sunny.
Hace sol.
It is windy.
Hace viento.

---

**Wednesday**   WENZ-dei   nombre    el miércoles
I go to the library on Wednesdays.
Yo voy a la biblioteca los miércoles.

---

**week**   WIK   nombre          la semana
I am drawing a calendar of the week.
Yo dibujo un calendario de la semana.

---

**to weep**   (See **to cry**)

---

**you're welcome**     expresión    de nada, ¡No hay de qué!
  YUR WEL-kem    idiomática
When I say "Thank you," my friend says
"You're welcome."
Cuando yo digo "Gracias," mi amigo dice
"De nada."

---

---

**well**    WEL     adverbio               bien
                       John skates well.
                       Juan patina bien.

   **Well!**      interjección            ¡Oye! ¡Pues!

   **to behave well**    expresión         portarse bien
                       idiomática
                  My father says that I behave well.
                  Mi papá dice que me porto bien.

   **Well done!**    (See **Hurray!**)

---

**west**    WEST     nombre             el oeste
                  When I go from New York to Chicago, I go
                     toward the west.
                  Cuando yo voy de Nueva York a Chicago, yo
                     voy hacia el oeste.

---

**wet**    WET     adjetivo         mojado, húmedo (masc.),
                                 mojada, húmeda (fem.)
                  My hair is wet.
                  Mi cabello está mojado.

---

**what?**    WH<u>A</u>T     interjección        ¿Cómo?
                  What? Repeat it, please.
                  ¿Cómo? Repita, por favor.

**What's the matter?**    (See **matter**)

---

---

**wheat**   WHIT    nombre                  el trigo
The farmer is cutting the wheat.
El agricultor corta el trigo.

---

**wheel**   WHIL    nombre                  la rueda
The car has four wheels.
El coche tiene cuatro ruedas.

---

**when**   WHEN    adverbio          cuando, ¿cuándo?
When are you coming?
¿Cuándo vienes tú?

---

**where**   WHEHR    adverbio             ¿dónde?
Where is the grasshopper?
¿Dónde está el chapulín?

---

**whether**   (See **if**)

---

**which**   (See **that**)

---

**which**   WHICH    adjetivo., pronombre    ¿cuál? ¿cuáles?
Which pen do you want?
¿Cuál pluma quieres?

---

**(In a little) while**          expresión            en un ratito
in ∅ lit-l WHAIL    idiomática
Is he coming? In a little while.
¿El viene? En un ratito.

---

**to whistle**   WHIS-∅l    verbo            silbar
He is whistling because he is happy.
El silba porque está contento.

---

**white**   WHAIT    adjetivo              blanco (masc.),
                                            blanca (fem.)
The house is white.
La casa es blanca.

---

| | | | |
|---|---|---|---|
| **who** | HU | pronombre | ¿quién?, ¿quiénes? |

Who is that boy?
¿Quién es ese muchacho?

| | | | |
|---|---|---|---|
| **whole** | HOHL | adjetivo | entero, todo el (masc.), entera, toda la (fem.) |

I would like to eat the whole apple.
Me gustaría comer toda la manzana.

| | | | |
|---|---|---|---|
| **why?** | WHAI | adverbio | ¿por qué? |

Why are you smiling?
¿Por qué sonríe usted?

| | | | |
|---|---|---|---|
| **wide** | WAID | adjetivo | ancho (masc.), ancha (fem.) |

The fish tank is wide.
El acuario es ancho.

| | | | |
|---|---|---|---|
| **wife** | WAIF | nombre | la esposa, la mujer |

What is the name of the doctor's wife?
¿Cómo se llama la esposa del doctor?

| | | | |
|---|---|---|---|
| **wild** | WAILD | adjetivo | feroz, salvaje |

The hunter catches the wild bear.
El cazador captura el oso salvaje.

| | | | |
|---|---|---|---|
| **to win** | WIN | verbo | ganar |

Mark wins the game of checkers.
Marcos gana el juego de damas.

---

**wind**   WIND   nombre                    el viento
It is windy and I lose my umbrella.
Hace viento y yo pierdo mi paraguas.

---

**window**   WIN-doh   nombre        la ventana
The window is open.
La ventana está abierta.

  **store window**        nombre        la vitrina, el aparador

---

**wine**   WAIN   nombre              el vino
The wine is in the bottle.
El vino está en la botella.

---

**wing**   WING   nombre              el ala
The bird has two wings.
El pájaro tiene dos alas.

---

**winter**   WIN-ter   nombre           el invierno
Winter comes after autumn.
El invierno viene después del otoño.

---

**wise**   WAIZ   adjetivo                sabio (masc.),
                                          sabia (fem.)
My grandfather is very wise.
Mi abuelo es muy sabio.

---

**wish**   WISH   nombre              el deseo
I look at the star and I make a wish.
Yo veo la estrella y expreso un deseo.

  **to wish**   (See **to want**)

---

**with**   WITH   preposición          con
I skate with my skates.
Yo patino con los patines.

---

**without**   with-OWT   preposición     sin

Robert goes out without a hat.
Roberto va (sale) sin sombrero.

---

**wolf** WAUHLF nombre el lobo
Is it a dog or a wolf?
¿Es un perro o un lobo?

---

**woman** WAUHM-ǿn nombre la mujer
**women** (plural)
The woman is carrying a handbag.
La mujer lleva una bolsa.

---

**wonderful** adjetivo maravilloso, extraordinario,
WÉN-dǿr-fǿl divino (masc.),
maravillosa, extraordinaria,
divina (fem.)
It is a wonderful toy!
¡Es un juguete maravilloso!

---

**wood** WAUHD nombre la madera
The desk is made of wood.
El escritorio es de madera.

---

**woods** (See **forest**)

---

**wool** WAUHL nombre la lana
My gloves are made of wool.
Mis guantes son de lana.

---

**word** WURD nombre la palabra
I am writing the word "yes."
Yo escribo la palabra "sí."

---

**work** WURK nombre el trabajo
The work is difficult.
El trabajo es difícil.

---

**to work** WURK verbo trabajar

• The salesman works in a store.
El vendedor trabaja en una tienda.

| **to work (machine)** | verbo | andar, funcionar |
|---|---|---|

Is the refrigerator working well?
¿Anda bien el refrigerador?

---

| **world** WU̱RLD | nombre | el mundo |
|---|---|---|

How many people are there in the world?
¿Cuántas personas hay en el mundo?

---

| **worm** WU̱RM | nombre | el gusano |
|---|---|---|

I am looking for worms.
Yo busco gusanos.

---

| **would like** WAUHD LA̱IK | expresión idiomática | me gustaría, te gustaría, le gustaría, nos gustaría, (os gustaría), les gustaría |
|---|---|---|

He would like to go to the moon.
Le gustaría ir a la luna.

---

| **to write** RA̱IT | verbo | escribir |
|---|---|---|

She is writing in the sand.
Ella escribe en la arena.

---

| **(to be) wrong** RA̱WNG | expresión idiomática | no tener razón, estar mal, estar equivocado |
|---|---|---|

You are wrong. I have the correct answer.

Tú estás equivocado. Yo tengo la respuesta
correcta.

## Y

| | | | |
|---|---|---|---|
| **year** | YIR | nombre | el año |

There are fifty-two weeks in a year.
Hay cincuenta y dos semanas en un año.

| | | | |
|---|---|---|---|
| **yellow** | YEL-<u>oh</u> | adjetivo | amarillo (masc.), amarilla (fem.) |

The lemon is yellow.
El limón es amarillo.

| | | | |
|---|---|---|---|
| **yes** | YES | adverbio | sí |

Do you want some watermelon? Yes, of course!
¿Quieres sandía? Sí, ¡cómo no!

| | | | |
|---|---|---|---|
| **yesterday** | YES-t<u>e</u>r-dei | adjetivo | ayer |

My cousin cannot say the word "yesterday."
Mi prima no puede decir "ayer."

| | | | |
|---|---|---|---|
| **you** | YU | pronombre | usted, tú, ustedes |

Do you have a telephone?
¿Tienes un teléfono?

| | | | |
|---|---|---|---|
| **to you** | YU | pronombre | a usted, a ti, le, te, les |

She is giving you another spoon.
Ella te da otra cuchara.

| | | | |
|---|---|---|---|
| **young** | Y<u>E</u>NG | adjetivo | joven |

The puppy is young; it is six weeks old.
El perrito es joven; tiene seis semanas.

| | | | |
|---|---|---|---|
| **your** | Y<u>AW</u>R | adjetivo | su, sus, tu, tus |

Is this your bicycle?
¿Es tu bicicleta?

# Z

**zebra**  ZI-bre̸    nombre                    la cebra

The zebra is an interesting animal.
La cebra es un animal interesante.

**zero**  ZIR-<u>oh</u>    nombre                el cero
Zero is a bad mark.
El cero es una nota mala.

**zoo**  ZU    nombre        el jardín zoológico, el zoológico
What time do the animals eat at the zoo?
¿A qué hora comen los animales en
    el zoológico?

# REFERENCES

## DAYS OF THE WEEK
## (Los días de la semana)

| English Inglés | Spanish Español |
|---|---|
| Monday — | lunes |
| Tuesday — | martes |
| Wednesday — | miércoles |
| Thursday — | jueves |
| Friday — | viernes |
| Saturday — | sábado |
| Sunday — | domingo |

## MONTHS OF THE YEAR
## (Los meses del año)

| English Inglés | Spanish Español |
|---|---|
| January — | enero |
| February — | febrero |
| March — | marzo |
| April — | abril |
| May — | mayo |
| June — | junio |
| July — | julio |
| August — | agosto |
| September — | septiembre |
| October — | octubre |
| November — | noviembre |
| December — | diciembre |

# PERSONAL NAMES
## (Los Nombres)

### BOYS
### (LOS MUCHACHOS)

| English Inglés | Spanish Español |
|---|---|
| Albert | Alberto |
| Andrew | Andrés |
| Anthony | Antonio |
| Arthur | Arturo |
| Charles | Carlos |
| Christopher | Cristóbal |
| Dominic | Domingo |
| Edward | Eduardo |
| Frederick | Federico |
| Frank | Francisco, Paco |
| George | Jorge |
| Henry | Enrique |
| James | Jaime, Diego |
| John | Juan |
| Joseph | José, Pepe |
| Julius | Julio |
| Louis | Luis |
| Mark | Marcos |
| Michael | Miguel |
| Paul | Pablo |
| Philip | Felipe |
| Peter | Pedro |
| Richard | Ricardo |
| Steven | Esteban |
| William | Guillermo |

## GIRLS
## (LAS MUCHACHAS)

| English Inglés | Spanish Español |
|---|---|
| Adele | Adela |
| Amy | Amata |
| Ann | Ana |
| Beatrice | Beatriz |
| Beth | Isabel |
| Charlotte | Carlota |
| Dolores | Dolores, Lola |
| Dorothy | Dorotea |
| Helen, Ellen | Elena |
| Frances | Francisca |
| Jane, Jean, Joan | Juana |
| Jacqueline, Janet | Juanita |
| Louise | Luisa |
| Mary | María, |
| Pearl | Perla |
| Rita | Rita |
| Rosalyn | Rosita, Rosalinda |
| Susan | Susana |
| Sylvia | Silvia |

---

# NUMBERS 1-100
# (Números 1-100)

| English Inglés | Spanish Español |
|---|---|
| one | uno |
| two | dos |
| three | tres |
| four | cuatro |
| five | cinco |

| | |
|---|---|
| six | seis |
| seven | siete |
| eight | ocho |
| nine | nueve |
| ten | diez |
| eleven | once |
| twelve | doce |
| thirteen | trece |
| fourteen | catorce |
| fifteen | quince |
| sixteen | dieciséis |
| seventeen | diecisiete |
| eighteen | dieciocho |
| nineteen | diecinueve |
| twenty | veinte |
| twenty-one | veintiuno |
| twenty-two | veintidós |
| twenty-three | veintitrés |
| twenty-four | veinticuatro |
| twenty-five | veinticinco |
| twenty-six | veintiséis |
| twenty-seven | veintisiete |
| twenty-eight | veintiocho |
| twenty-nine | veintinueve |
| thirty | treinta |
| thirty-one | treinta y uno |
| thirty-two | treinta y dos |
| thirty-three | treinta y tres |
| thirty-four | treinta y cuatro |
| thirty-five | treinta y cinco |
| thirty-six | treinta y seis |
| thirty-seven | treinta y siete |
| thirty-eight | treinta y ocho |
| thirty-nine | treinta y nueve |
| forty | cuarenta |
| forty-one | cuarenta y uno |
| forty-two | cuarenta y dos |
| forty-three | cuarenta y tres |

| | |
|---|---|
| forty-four | cuarenta y cuatro |
| forty-five | cuarenta y cinco |
| forty-six | cuarenta y seis |
| forty-seven | cuarenta y siete |
| forty-eight | cuarenta y ocho |
| forty-nine | cuarenta y nueve |
| fifty | cincuenta |
| fifty-one | cincuenta y uno |
| fifty-two | cincuenta y dos |
| fifty-three | cincuenta y tres |
| fifty-four | cincuenta y cuatro |
| fifty-five | cincuenta y cinco |
| fifty-six | cincuenta y seis |
| fifty-seven | cincuenta y siete |
| fifty-eight | cincuenta y ocho |
| fifty-nine | cincuenta y nueve |
| sixty | sesenta |
| sixty-one | sesenta y uno |
| sixty-two | sesenta y dos |
| sixty-three | sesenta y tres |
| sixty-four | sesenta y cuatro |
| sixty-five | sesenta y cinco |
| sixty-six | sesenta y seis |
| sixty-seven | sesenta y siete |
| sixty-eight | sesenta y ocho |
| sixty-nine | sesenta y nueve |
| seventy | setenta |
| seventy-one | setenta y uno |
| seventy-two | setenta y dos |
| seventy-three | setenta y tres |
| seventy-four | setenta y cuatro |
| seventy-five | setenta y cinco |
| seventy-six | setenta y seis |
| seventy-seven | setenta y siete |
| seventy-eight | setenta y ocho |
| seventy-nine | setenta y nueve |
| eighty | ochenta |
| eighty-one | ochenta y uno |

| eighty-two | ochenta y dos |
| eighty-three | ochenta y tres |
| eighty-four | ochenta y cuatro |
| eighty-five | ochenta y cinco |
| eighty-six | ochenta y seis |
| eighty-seven | ochenta y siete |
| eighty-eight | ochenta y ocho |
| eighty-nine | ochenta y nueve |
| ninety | noventa |
| ninety-one | noventa y uno |
| ninety-two | noventa y dos |
| ninety-three | noventa y tres |
| ninety-four | noventa y cuatro |
| ninety-five | noventa y cinco |
| ninety-six | noventa y seis |
| ninety-seven | noventa y siete |
| ninety-eight | noventa y ocho |
| ninety-nine | noventa y nueve |
| one hundred | ciento (cien) |

# PARTS OF SPEECH
## (Palabras Gramaticales)

| **English Inglés** | **Spanish Español** |
| --- | --- |
| adjective | el adjetivo |
| article | el artículo |
| adverb | el adverbio |
| conjunction | la conjunción |
| idiomatic expression | la expresión idiomática |
| interjection | la interjección |
| noun, feminine (fem.) | el nombre (femenino) |
| noun, masculine (masc.) | el nombre (masculino) |
| preposition | la preposición |
| pronoun | el pronombre |
| verb | el verbo |
| verb form | la forma de verbo |

# WEIGHTS AND MEASURES*
## (Peso y Medidas)

| English Inglés | Spanish Español |
|---|---|
| 0.39 inches | 1 centímetro |
| 0.62 miles | 1 kilómetro |
| 6.21 miles | 10 kilómetros |
| 0.035 ounces | 1 gramo |
| 2.20 pounds | 1 kilogramo |
| | |
| 1 inch | 2.54 centímetros |
| 1 foot | 30.5 centímetros |
| 1 yard | 91.4 centímetros |
| 1 mile | 1.61 kilómetros |
| 1 ounce | 28.3 gramos |
| 1 pound | 453.6 gramos |

*Approximately (aproximadamente)

---

# SPANISH VERB SUPPLEMENT
## (Los Verbos)

### REGULAR VERBS, PRESENT TENSE

#### Cantar

| | |
|---|---|
| Yo canto | Nosotros cantamos |
| Tú cantas | (Vosotros cantáis) |
| Él, Ella, Usted canta | Ellos, Ellas, Ustedes cantan |

#### Comer

| | |
|---|---|
| Yo como | Nosotros comemos |
| Tú comes | * (Vosotros coméis) |
| Él, Ella, Usted come | Ellos, Ellas, Ustedes comen |

354

### Vivir

| | |
|---|---|
| Yo vivo | Nosotros vivimos |
| Tú vives | (Vosotros vivís) |
| Él, Ella, Usted vive | Ellos, Ellas, Ustedes viven |

## IRREGULAR VERBS, PRESENT TENSE

### Hacer

| | |
|---|---|
| Yo hago | Nosotros hacemos |
| Tú haces | (Vosotros hacéis) |
| Él, Ella, Usted hace | Ellos, Ellas, Ustedes hacen |

### Saber

| | |
|---|---|
| Yo sé | Nosotros sabemos |
| Tú sabes | (Vosotros sabéis) |
| Él, Ella, Usted sabe | Ellos, Ellas, Ustedes saben |

### Ir

| | |
|---|---|
| Yo voy | Nosotros vamos |
| Tú vas | (Vosotros vais) |
| Él, Ella, Usted va | Ellos, Ellas, Ustedes van |

### Tener

| | |
|---|---|
| Yo tengo | Nosotros tenemos |
| Tú tienes | (Vosotros tenéis) |
| Él, Ella, Usted tiene | Ellos, Ellas, Ustedes tienen |

### Ser

| | |
|---|---|
| Yo soy | Nosotros somos |
| Tú eres | (Vosotros sois) |
| Él, Ella, Usted es | Ellos, Ellas, Ustedes son |

### Estar

| | |
|---|---|
| Yo estoy | Nosotros estamos |
| Tú estás | (Vosotros estáis) |
| Él, Ella, Usted está | Ellos, Ellas, Ustedes están |